管理科学与工程丛书　◉主编:葛新权

管理科学与工程丛书

主编：葛新权

我国企业并购重组市场价值效应研究

Research on Market Value Effects of M&A in China

黄中文　曹丽　马瑞　等/著

社会科学文献出版社

SOCIAL SCIENCES ACADEMIC PRESS (CHINA)

本书出版得到以下项目资助：

北京市重点建设学科管理科学与工程建设项目

教育部人文社会科学研究青年基金项目

（项目编号：10YJC790107）

研究生教育—课程改革—"并购学"课程体系研究项目

（项目编号：YJG201206）

学科与研究生教育—特色学科—技术经济及管理项目

（项目编号：5028223501）

总　序

　　基于 2003 年北京机械工业学院管理科学与工程硕士授权学科被批准为北京市重点建设学科，我们策划出版了这套丛书。

　　2004 年 8 月，北京机械工业学院与北京信息工程学院合并筹建北京信息科技大学。

　　北京机械工业学院工商管理分院于 2004 年建立了知识管理实验室，2005 年建立了北京地区第一个实验经济学实验室，2005 年 8 月召开了我国第一次实验经济学学术会议，2005 年 12 月获得 2005 年度北京市科学技术奖二等奖一项，2006 年 4 月获得北京市第九届人文社科优秀成果二等奖两项。2006 年 5 月，知识管理实验室被批准为北京市教委人才强校计划学术创新团队；2006 年 10 月，被批准为北京市哲学社会科学研究基地——北京知识管理研究基地。

　　2006 年 12 月，北京机械工业学院工商管理分院与北京信息工程学院工商管理系、经济贸易系经贸教研室合并成立北京信息科技大学经济管理学院。2008 年 3 月，企业管理硕士授权学科被批准为北京市重点建设学科。

　　2008 年 4 月，教育部正式批准成立北京信息科技大学。

　　经济管理学院是北京信息科技大学最大的学院。2007

年 10 月经过学科专业调整（信息系统与信息管理学士授权专业调出）后，经济管理学院拥有管理科学与工程、企业管理、技术经济及管理、国民经济学、数量经济学 5 个硕士授权学科，拥有工业工程专业硕士授予权，拥有会计学、财务管理、市场营销、工商管理、人力资源管理、经济学 6 个学士授权专业，设有注册会计师、证券与投资、商务管理、国际贸易 4 个专门化方向。

经济管理学院下设会计系、财务与投资系、企业管理系、营销管理系、经济与贸易系 5 个系，拥有实验实习中心，包括会计、财务与投资、企业管理、营销管理、经济与贸易、知识管理、实验经济学 7 个实验室。现有教授 12 人、副教授 37 人，具有博士学位的教师占 23%，具有硕士学位的教师占 70%。在教师中，有博士生导师、跨世纪学科带头人、政府津贴获得者，有北京市教委人才强校计划学术创新拔尖人才、北京市教委人才强校计划学术创新团队带头人、北京市哲学社会科学研究基地首席专家、北京市重点学科带头人、北京市科技创新标兵、北京市青年科技新星、证券投资专家，有北京市政府顾问、国家注册审核员、国家注册会计师、大型企业独立董事，还有一级学术组织常务理事，他们分别在计量经济、实验经济学、知识管理、科技管理、证券投资、项目管理、质量管理和财务会计教学与研究领域颇有建树，享有较高的知名度。

经济管理学院成立了知识管理研究所、实验经济学研究中心、顾客满意度测评研究中心、科技政策与管理研究中心、食品工程项目管理研究中心、经济发展研究中心、国际贸易研究中心、信息与职业工程研究所、金融研究所、知识工程研究所、企业战略管理研究所。

近三年来，在提高教学质量的同时，在科学研究方面也取得了丰硕的成果。完成了国家"十五"科技攻关项目、国家科技支撑计划项目、国家软科学项目等 8 项国家级项目和 12 项省部级项目，荣获 5 项省部级奖，获得软件著作权 24 项，出版专著 16 部，出版译著 2 本，出版教材 10 本，发表论文 160 余篇。这些成果直接或间接地为政府部门以及企业服务，特别地服务于北京社会发展与经济建设，为管理科学与工程学科的建设与发展打下了坚实的基础，促进了企业管理学科建设，形成了基于知识管理平台的科技管理特色，也形成了稳定的研究团队和知识管理、科技管理、知识工程与项目管理 3 个学术研究方向。

在北京市教育委员会科学技术与研究生建设项目、北京市重点建设学科管理科学与工程建设项目资助下，把我们的建设成果结集出版，形成了这套"管理科学与工程"丛书。

管理科学与工程学科发展日新月异，我们取得的成果不过是冰山一角，也不过是一家之言，难免有不当甚至错误之处，敬请批评指正。这也是我们出版本丛书的一个初衷，抛砖引玉，让我们共同努力，提高我国管理科学与工程学科研究的学术水平。

在北京市教育委员会与北京信息科技大学的大力支持与领导下，依靠学术团队，我们有信心为管理科学与工程学科建设、科学研究、人才培养与队伍建设、学术交流、平台建设与社会服务做出更大的贡献。

主编 葛新权

2008 年 4 月于北京育新花园

摘　　要

　　企业并购重组，是我国提高企业综合竞争力、调整产业结构、转变经济增长方式的重要途径。如何评价企业并购重组战略的市场价值，已经成为政府管理部门和企业共同面临的课题。本书以沪深股市的数据为基础，采用事件研究法，对并购重组战略的价值效应进行研究。研究发现，并购重组给业绩差的卖方带来少量正的价值效应。然而，无论是卖方还是买方，具有良好业绩的企业在并购重组后都出现了大幅度的利润率下降，价值效应显著为负。总体来看，我国股市1998～2011年并购重组行为总的价值效应为负，上市公司的并购重组行为实际上变成了大股东对上市公司的"抽血"行为，中小股东的利益受到损害，尤其是很多利益集团利用手中掌握的行政权力、资源及信息优势，并通过制造制度漏洞，从广大中小股民身上攫取了太多的利益，使股市呈现一种负和博弈。总之，我国股市的并购重组没能为股东创造价值，相反，却在某种程度上摧毁了价值。

　　本书分别详细研究了不同并购主体、不同并购方式以及不同行业并购事件所带来的市场价值效应，所得结论对于了解我国并购现况和进行决策都具有一定的参考价值。

Abstract

Mergers and acquisitions is to improve the comprehensive competitiveness of enterprises in our country, adjusting the industrial structure and transformating the model of economic growth. How to evaluate the market value of the strategy has become a common topic faced by the government management departments and enterprises. This book is based on the Shanghai and Shenzhen stock data, and uses case studies to value the effects of mergers and acquisitions. The study found that mergers and acquisitions involving sellers which have a poor performance have brought a small amount of positive value effect. Both the sellers and the buyers which have a good performance will have a substantial profit margin decline after the mergers and acquisitions and the value effect is significantly negative. So overall, M&A's value effects on Chinese stock market from 1998 to 2011 are negative, mergers and acquisitions damaged the interests of minority shareholders, in particular, many interest groups used their mastery of administrative power, resources and information superiority, and by manufacturing system vulnerabilities to exploit the masses of investors. The stock market presents a negative sum game. The facts show that the Chinese stock market didn't create value for shareholders, mergers and acquisitions, on the contrary, have destroyed the value to some extent.

The book includes different subjects, different ways of mergers and acquisitions and value effects on M&A in different industries. The conclusions have certain reference value for studying M&A in our country and making decisions.

目　录

第二篇　行业分析

Contents

Part Ⅱ Industry Analysis

Part Ⅲ　Analysis of the Different Forms of Acquisition

前　　言

　　自 1993 年秋新中国上市公司并购重组第一案——"宝延风波"发生以来，并购重组活动日益频繁。1998 年，全国有近 400 家公司进行了不同程度的重组；2006 年，我国并购数量为 1150 起，涉及并购金额约为 2867.5 亿元；2009年，共有 57 家公司重大资产重组经证监会并购重组委审核通过，实施完成后总交易金额达 2323 亿元，超过当年沪深 A 股首发筹资总额 1831.38 亿元；2010 年，完成 622 起并购交易；2011 年，我国并购市场共完成 1157 起交易，其中披露价格的 985 起交易总金额达到 669.18 亿美元；2012 年 1～8 月，我国并购市场共完成 572 起交易，其中 502 起披露交易总金额共计 323.83 亿美元。我国的并购市场在经济强劲发展和产业整合加速的大环境下，呈现火爆增长的态势。近几年来，多次政府工作报告均提出"大力推进企业组织结构调整和兼并重组，支持优势企业并购落后企业和困难企业，鼓励强强联合和上下游一体化经营，提高产业集中度和资源配置效率"，这说明并购重组已经成为国民经济结构调整的重要手段之一。并购重组市场的迅速发展以及其对于经济生活的重要性，决定了对我国并购重组市场并购方的价值效应进行整体评估不仅具有现实意义，而且具有理论和实际应用价值。

虽然并购重组在许多方面取得了很大的进展，但是我们仍需要进行客观而冷静的分析。我们需要找到并购重组更好的解决之道，为所有股东创造福利，为所有人提供公平、公正的获利机会。然而，20年来的股市并购重组却很难说做到了这一点，甚至说，很多时候走到反面。股市的投机性和短期性，对于很多股民来说如同梦魇，在此大环境下的并购重组也必然表现出短期性和投机性特征。本书对并购重组战略的价值效应的评估以沪深股市的数据为基础，采用数量经济的诸多方法来进行研究。研究发现，并购重组给业绩差的卖方带来少量正的价值效应。然而，无论是卖方还是买方，具有良好业绩的企业在并购重组后都出现了大幅度的利润率下降，价值效应显著为负。总体来看，我国股市1998~2011年并购重组行为总的价值效应为负，上市公司的并购重组行为实际上变成了大股东对上市公司的"抽血"行为，中小股东的利益受到损害，尤其是很多利益集团利用手中掌握的行政权力、资源及信息优势，并通过制造制度漏洞，从广大中小股民身上攫取了太多的利益，使股市呈现一种负和博弈。基于此，我国证监会对绩差公司的监管应该由过去的鼓励并购重组转变为淘汰为主，这意味着一些不符合上市条件的公司应该坚决退市，彻底扭转目前资源的两种逆向配置局面。

第一种资源的逆向配置局面，是指资源从股市外的绩效好的非上市公司向股市内的绩效差的上市公司转移的不正常现象。这种现象产生的原因是一些好的中小型非上市公司虽然业绩好，但由于等待上市需要太长的时间（这与证监会现行的发行审核制度有关），于是通过并购重组的方式纳入一些绩效差的上市公司的资产盘子中，致使好资产的质量下降，这实质上是一种劣币驱逐良币的过程，最终造成整个社会资源的极大浪费。第二种资源的逆向配置局面，是指刚刚上市的资产质量和赢利能力非常好的上市公司，在股价很高的情况下，大股东或关联方通过现金、融资融券或者定向增发迅速以高价将一些质量很差的资产以并购重组的方式买进来，快速实现大股东或相关利益方的利益最大化，但却稀释了原有的赢利能力很强的资产质量，使得原有的高利润率在一段时间后迅速下降，从而倒逼股价下降，使得原先以高价买股的中小股东利益受损。这种资源的逆向配置是摧毁中小股东价值的主要原因，应该从制度上加以遏制。

股市的并购重组与股市的特征密切相关。我国股市的二元结构特征，导致了与股市相关的并购重组呈现摧毁价值的特征。我们的研究表明，如果并购重组的卖方交易前三年平均利润率为 24.1801%，交易后利润率将下降到 -1.3398%，下降幅度超过 25 个百分点。与此同时，在选取了 1998～2011 年 10664 个买方有效样本后，发现买方公司交易前三年平均利润率为 24.1801%，交易后当年利润率下降到 4.9674%，下降幅度高达 19.2127 个百分点。这说明，无论是并购重组的卖方还是买方，在交易前三年如果利润较高的话，交易后当年利润率都呈现快速下降趋势。

我们的研究结论和股市的以下情况是基本一致的。2007年 10 月 16 日，沪综指创出 6124 点的历史新高，之后开始震荡回落，截至 2012 年 12 月，沪综指一度跌破 2000 点。统计显示，在 5 年的时间内，A 股总市值由 2007 年的 28 万亿元回落到 2012 年 12 月的约 21 万亿元，缩水超过 25%，约 7 万亿元市值的价值被摧毁。5 年中，除了 2008 年受到全球金融海啸的影响，沪深两市融资总额减至 3396 亿元，

2009 年为 4382 亿元，2010 年则达到 8000 多亿元，2011 年尽管市况低迷，两市总融资额依然达到 7783 亿元。股市的融资壮大了上市公司，也成就了无数"大小非"亿万富豪。截至 2012 年 11 月 23 日，A 股账户数为 16762.49 万户，持股账户数为 5580.51 万户，持股账户数占全部 A 股账户数的比例仅为 33.29%；上一周参与交易账户数为 562.31 万户，占全部 A 股账户数的比例仅为 3.35%。100 个 A 股账户中，只有 33 个投资者持股，67 个投资者选择空仓。另外，100 个开户账户中，只有 3 个投资者还在交易，接近 97% 的账户变成"僵尸户"。2012 年 5~11 月，A 股持股账户总数一直保持在 5600 万户左右，在这 7 个月内，沪深 A 股总市值累计蒸发 4.3 万亿元，如果平摊给每位持仓投资者，人均亏损高达 7.68 万元。以上事实充分表明，我国股市和并购重组总体来看没能为股东创造价值，相反，却在某种程度上摧毁价值。

在目前的情势下，需要以市场化为导向对股市并购重组机制进行深入调整。本书提出了很多以顶层设计为基础的宏观改革措施，而不是"头痛医头，脚痛医脚"的短期措施，一些短期的措施可以一时起作用，但对长期的稳定发展却是有害的，一次次由政策导致的牛市往往以熊市而告终。这就是我们不仅从数据的角度来看待问题，而且还从历史的角度来解释问题的原因。

本书内容分三篇，共十七章。

第一篇为整体分析与综合评价，内容包括第一章至第三章。第一章通过实证研究对我国并购重组市场买方和卖方价值效应做出总体评价。第二章介绍了中国股市的历史沿革，并且论述了中国股市并购重组的制度性缺陷及改革。第三章为中国并购重组市场主并公司价值效应的实证研究。

第二篇为行业分析，内容包括第四章至第十一章，分别研究了不同行业主并公司的价值效应。这些行业包括煤炭行业、银行业、房地产行业、医药行业、钢铁行业、汽车行业、石油行业和有色金属行业。

第三篇为并购方式分析，内容包括第十二章至第十七章，研究了不同并购方式的价值效应，涉及股份回购价值效应分析、股权转让价值效应分析、吸收合并价值效应分析、资产剥离价值效应分析、资产收购价值效应分析和要约收购方式对主并方股东财富的影响研究。

本书从酝酿到写作花费了多年时间。我从1998年开始从事并购研究以来，虽然出版了不少关于并购重组的书，但总体是以定性分析、案例分析及操作为主的，缺乏对整个中国并购重组市场价值效应的定量研究。我总感到需要进行深入一些的数据研究来支撑我对证券市场并购重组的一些看法，并希望这些看法能为我国证券市场未来的健康发展起到一点作用，供决策部门的领导，尤其是高层，在顶层设计时参考。本书的出版算是稍微弥补了我的一些研究缺陷。我们使用了各种方法查找并分析数据，得到了来自各方的慷慨帮助。

感谢北京信息科技大学经济管理学院葛新权院长，在某种程度上，正是他的不断鼓励和督促，让我产生了一种紧迫感，因为每次一见面，我就很怕他问我书稿完成了没有。我有时在完成一件较为重大的事情时，常需要某种外力督促，可以说这种外力督促形成的紧迫感对于我完成此项任务起到了某种催化剂的作用。但尽管如此，我还是感到对不住他，几乎还是延迟了五个月的时间才完成初稿。

感谢北京信息科技大学经济管理学院唐五湘教授，他也是本书的作者之一。我们在研究的初期经常在一起商讨如何得到数据，他提供了一种得到数据的方法。我在美国明尼苏达大学德鲁斯分校做访问助理教授时，他还提供给我如何具体得到一些数据的办法。对于本研究而言，关键的部分在于如何简明地获取数据，唐教授的帮助使得我的研究进展顺利。

感谢国泰安（CSMAR）数据库北京分公司的同人，我甚至已经记不清他们的名字了。当我们的研究越来越深入时，我需要越来越大型的数据，而且要能方便地查找和确认。CSMAR数据库北京分公司的同人接到我的求援电话后，在一段时间内免费为我开放了数据库中的一些模块，因为我校只购买了该公司的部分数据库。感谢他们的无私帮助。

感谢中国人民大学国际关系学院保建云教授，他也是本书的作者之一。他是我的师弟，给我帮助甚大。我们一起合作申请了教育部人文社会科学研究青年基金项目，本书实际上是该项目的一个总报告。保教授为我们的合作研究贡献了大量的思想，我从中获得了许多灵感。

感谢我远在美国的导师Bedassa教授。当我在美国思考这本书的研究方法和数据的获取时，他给我提出了许多思路，并鼓励我去找数据。他还专门把我当时的一些数据交给美国另外一名专门研究并购的教授，该教授给我提出了非常好的改进建议。很遗憾，该教授的姓名我也忘记了。

感谢我的研究生陈舒，她也是本书的作者之一。关于要约收购的一章是她按照我的思路写的。她写作时思路清晰，言简意赅，虽然只有3000多字，但我至今仍认为这是关于我国要约收购最好的研究结果之一。她现在到上海交通大学工作去了，也祝愿她工作顺利。

　　我的两位很优秀的研究生曹丽和马瑞，她们作为本书的合作者，在我的不断要求下，做了很多杰出的工作。比如曹丽对某些并购方式的研究，以及马瑞对一些行业并购的研究。

　　感谢北京信息科技大学经济管理学院孙凯副教授，他也是本书的作者之一。我们一起申报了教育部人文社会科学研究青年基金项目，他为本书提供了若干思路。

　　本书的出版得到了教育部人文社会科学研究青年基金项目（项目编号：10YJC790107）的支持，同时也间接得到了研究生教育 - 课程改革 - "并购学"课程体系研究项目（项目编号：YJG201206）以及学科与研究生教育 - 特色学科 - 技术经济及管理项目（项目编号：5028223501）的资助。

黄中文

2013 年 5 月 21 日

第一篇　整体分析与综合评价

第一章
对我国并购重组市场买方和
卖方价值效应的总体评价：
1998～2011 年

　　从 1998 年到 2011 年选取 8391 个有效样本，分别比较交易前卖方前三年平均利润率和卖方当年利润率，结果发现，交易前卖方前三年平均利润率为 0.2762%，交易后卖方当年利润率为 1.5538%。总体来看，并购重组的卖方公司的整体效益有轻微的改善。但进一步的计量研究表明，一旦卖方交易前三年利润高于 13.1157%，卖方交易后利润率将变为负数。如果卖方交易前三年平均利润率为 24.1801%，交易后利润率将下降到 -1.3398%，下降幅度超过 25 个百分点。与此同时，在选取了 1998～2011 年 10664 个买方有效样本后，发现买方公司交易前三年平均利润率为 24.1801%，交易后当年利润率下降到 4.9674%，下降幅度高达 19.2127 个百分点。这说明，无论是卖方还是买方，在交易前三年如果利润较高的话，交易后当年利润率都呈现快速下降趋势。

第一节 研究背景和框架

自 1993 年秋新中国上市公司并购重组第一案"宝延风波"发生以来，并购重组活动日益频繁。与此相关的另一个冰火两重天的现象是我国股市的长期收益率一般为 −2% 左右，上证指数收益率 2010 年则为 −14%，低于美国股市 8% ~10% 的年化收益率，低于 GDP 增长率，甚至低于银行利率。可见，虽然并购重组的数量和金额在不断增加，然而我国并购重组市场是否为股东创造了价值，却成为许多人心中挥之不去的疑问。

正如美国著名经济学家、诺贝尔经济学奖获得者施蒂格勒所说："纵观世界著名的大企业、大集团，几乎没有哪一家不是在某种程度上以某种方式，通过资本并购重组收购等资本运作手段而发展起来的。"但遗憾的是，由于各种原因，许多并购方公司的并购活动在收购后并没有达到预期的效果，大量并购重组都以失败而告终。国际上有名的例子是克莱斯勒对戴姆勒－奔驰的并购，最终以分手告终。2004 年 1 月，我国的 TCL 多媒体（TMT）与法国汤姆逊达成协议，并购其彩电业务，但至 2006 年 10 月底，除 OEM 外，TCL 不得不将其欧洲彩电业务砍掉。2004 年，TCL 集团又闪电般地并购了法国阿尔卡特的移动电话业务，结果并购后仅一年就以失败告终。当年的资本大鳄如德隆系、金信系、泰跃系、鸿仪系，通过并购重组在资本市场兴风作浪，如今都已灰飞烟灭。Grubb 和 Lamb 曾经评论道："客观的事实是，只有大约 20% 的合并取得了真正的成功。多数并购侵蚀了股东财富……残酷的现实是多数合并并没有真正的财务回报。"美国证券会曾经成立了一个 18 人专家委员会，调查并购重组实践的变化和影响。专家委员会的研究显示，没有充分的证据表明收购活动为社会创造了价值。据此，美国证券交易委员会之后修改和制定并购重组规则时就采取了既不特别鼓励也不限制收购活动的指导思想。而在我国的实践中，许多业内人士认为，股市的重组可实现中小股东、收购方和重组方、债权银行、地方政府和监管机构之间的多赢局面。他们认为，重组可避免上市公司退市导致的社会不安定因素。由于大多数人持有此观点，所以股市的并购重组得到了最大限度的政策鼓励。另有一些人则认为，从宏观经济全局以及资本市场长期发展的角度看，以 ST 为代表的绩差公司资产重组不仅不能实现所谓多赢局面，而且具有多面的显著破坏力。例如：出现了社会资源大量流向股市内的低效企业的现象，证券市场的系统性风险增大，股市容易跌跌不休，股民长期收益率很低，甚至大量亏损。

要对我国并购重组市场的买方和卖方的价值效应进行总体评价的困难在于三个方面。第一，由于国家统计局不进行这方面的统计，很难找到足够多的样本。第二，即使找到足够多的样本，但要找到足够多的财务数据在目前也不是易事。第三，研究方法的选择。目前研究价值效应的方法很多，但都有一定的缺陷。为了解决第一和第二个困难，我们从国泰安的数据库中找到了足够多的样本，总的样本数达到了近 2 万个，其中卖方样本 8391 个，买方样本 10664 个。在研究方法上，我们觉得并购前三年平均利润率能比较全面地反映并购前的企业基本状况，而用并购后当年的平均利润率基本上能代表并购后的绩效。为了使研究更具全面性，我们选择的时间跨度是 1998～2011 年，长达 14 年。如此多的样本和如此长的年份，能使我们的研究克服一些特殊年份或经济周期的影响，也能使我们的研究克服某一个特殊行业的影响。由于很难找到非上市公司的财务数据，所以本书的数据主要来源于上市公司。

第二节　对我国并购重组市场买方价值效应的总体分析

借助国泰安的数据库获得了 1998～2011 年（公告日从 1998 年 9 月 2 日起，至 2011 年 9 月 10 日止）的 10664 个卖方有效样本，分别比较交易前买方前三年平均利润率和交易后买方当年利润率。应该说，样本几乎涵盖这几年所有的买方公司的并购事件。样本既涵盖了沪市，又涵盖了深市；既涵盖了 A 股，又涵盖了 B 股。可以说，样本与总体的差别较小，从而使得对价值效应的分析能够反映总体的情况。

由于样本量很大，所以先简单看一看样本的统计分析是有益的。通过把数据导入 SPSS 统计软件，所得结果见表 1-1 和表 1-2。我们可以看出，买方交易前三年平均利润率为 24.1801%。该数据表明，总体来说，我国股市中买方的效益非常好，利润率远远高于经济增长率，也远远高于股

表 1-1　样本总结

变量	样本					
	有效样本		无效样本		总样本	
	数量(个)	百分比(%)	数量(个)	百分比(%)	数量(个)	百分比(%)
Y_1	10664	27.9	27583	72.1	38247	100
X_1	10664	27.9	27583	72.1	38247	100

表 1－2　买方样本描述性统计分析

变量		统计量	标准误差
X_1	均值	24.1801	14.60438
	均值 95％ 的置信区间　下界	－4.4472	
	均值 95％ 的置信区间　上界	52.8074	
	5％ 截取均值	3.5716	
	中位数	3.9400	
	方差	2.275E6	
	标准差	1.50815E3	
	最小值	－867.68	
	最大值	1.10E5	
	极差	1.11E5	
	四分间距	5.07	
	偏斜度	72.935	0.024
	峰度	5.322E3	0.047
Y_1	均值	4.9674	0.76678
	均值 95％ 的置信区间　下界	3.4644	
	均值 95％ 的置信区间　上界	6.4704	
	5％ 截取均值	4.5586	
	中位数	4.0800	
	方差	6.270E3	
	标准差	7.91824E1	
	最小值	－5194.68	
	最大值	3609.08	
	极差	8803.76	
	四分间距	4.88	
	偏斜度	－5.041	0.024
	峰度	2.660E3	0.047

注：X_1 代表买方公司前三年平均利润率的统计结果，Y_1 代表买方公司并购后当年利润率的统计结果。

市的平均利润率，说明买方企业一般都处于高速发展中。但并购后买方公司从交易前三年平均利润率 24.1801% 猛烈下降到交易后当年利润率 4.9674%，下降幅度高达 19.2127 个百分点，两者比值接近于 5，也就是说，交易后利润率只有交易前利润率的 20%。考虑到如此巨大的下跌幅度，以及我们的样本涵盖了 1998~2011 年的 1 万多家公司，这说明，作为上市公司的买方公司并没有从交易中获利，也没有产生协同效应，更重要的是，还猛烈摧毁了买方公司原有的价值。买方公司利润率急剧下降的原因可能有三点。第一，买方公司采用的会计方法是购买法，购买法一般容易导致利润率的下降。第二，可能牵涉到关联交易和内幕交易，买方公司的控股股东通过关联交易转移上市公司利润。第三，避税的需要。如果是卖方公司的控股股东通过隐蔽的关联交易转移上市公司利润，则严重损害了中小股东的利益。但不管怎样，一个非常残酷的现实是：总体来说，交易前赢利能力非常强的公司，在交易后将变得平庸。这也间接验证了股市里的一句老话"一年盈，二年亏，三年 ST"是有一定计量根据的。

以买方当年利润率（Y_1）为因变量，买方交易前三年平均利润率（X_1）为自变量，将数据做一元线性回归分析，其结果见表 1-3。由于自变量前面系数的 t 统计量仅仅

表 1-3　系数表[a]

模型		非标准化系数		标准化系数	t 值	显著性水平
		B	标准误	Beta 系数		
1	（常数）	4.972	0.767		6.483	0.000
	X_1	0.000	0.001	-0.004	-0.362	0.718

注：a. 因变量：Y_1。

－0.362，不能拒绝该系数为0的原假设，这说明自变量与因变量之间并没有线性相关关系。

第三节　对我国并购重组市场卖方价值效应的总体分析

借助国泰安的数据库，获得了1998～2011年的8391个卖方有效样本，分别比较交易前卖方前三年平均利润率(x)，交易后卖方当年利润率(y)，将数据导入SPSS统计软件，得到表1－4。可以看出，卖方交易前三年平均利润率为0.2762%。和买方重组前的平均利润率超过24%比较，卖方在并购重组前一般利润率都很低，平均接近于0，说明卖方业绩较差，股市融资受到限制。关于卖方出售的部分原因如下：业绩差的公司面临或退市或ST或PT的危险，为了满足证监会的要求，出售一部分股权、资产或者业务以求增加当年利润或减少亏损。卖方很多时候只是被迫出售其部分股权或资产，以求短期业绩改善，而并非主动剥离其非核心业务或资产以求达到改善主营业务的目的。交易后卖方当年利润率为1.5538%，表明卖方公司在剥离掉部分资产或者部分股权后，企业的利润率有一定改善。虽然，从绝对值上利润率仅增加约1.3个百分点，但是从相对量来看，并购后的利润率是原来的5.6倍。可以说，卖方在并购重组后，企业的实际效益有所好转。另外，考虑到我国的实际情况，企业在利润率提高的同时，税收和工资水平一般会有更大幅度的提高，尤其是工资水平。企业进行资产剥离，很多时候是剥离掉一些亏损的业务，以便集中精力于主业经营。总体来说，出售掉部分业务，或子公司，或部分股权，有利于卖方公司提升竞争力和经济效率。虽然卖方的这种重组非主动为之，但确实达到了立竿见影的效果。

表 1 – 4　卖方样本描述性统计分析

统计量	$y(\%)$	$x(\%)$
均值	1.5538	0.2762
5% 截取均值	2.5413	1.4395
中位数	2.4700	2.2000
方差	6.704E3	514.495
标准差	8.18776E1	2.26825E1
最小值	– 5194.68	– 867.68
最大值	1276.34	65.24
极差	6471.02	932.92
四分间距	4.43	5.73

为了更精确地对并购前后的业绩进行比较，以卖方当年利润率（y）为因变量，卖方交易前三年平均利润率（x）为自变量，将数据做线性回归分析（见表 1 – 5）。得到回归方程为：$y = 1.587 - 0.121x$，经统计检验，自变量前面的系数显著不为 0。从回归方程可以看出，卖方交易前三年平均利润率前的系数为 – 0.121，结果表明卖方交易前三年平均利润率每增加 1 个百分点，卖方当年利润率将下降 0.121 个百分点。这说明，如果卖方企业在剥离出资产或股权之前，利润率越低，重组后企业的利润率将提高越多，也就是说，卖方企业卖出前的效益越差，卖出后企业的利润率的提高越明显。可以看出，原来绩效越差的企业，卖出资产或股权后的绩效改善越大。当卖方交易前三年平均利润率低于 1.4157%，卖方并购重组后，卖方当年利润率将高于交易前三年平均利润率，

即卖方并购后业绩得到改善,并购重组对卖方公司的价值效应为正。而当卖方交易前三年平均利润率高于 1.4157%,卖方并购重组后,卖方当年利润率将低于交易前三年平均利润率,业绩反而恶化,即并购重组对卖方公司的价值效应为负,而且卖方交易前三年平均利润率高出 1.4157% 越多,交易后利润率恶化得越厉害,即并购越摧毁价值(令 $y = x$,代入 $y = 1.587 - 0.121x$,得到 $y = x = 1.4103$)。而当卖方交易前利润高于 13.1157%,卖方交易后利润率将变为负数,也就是说,卖方在卖之前绩效越好,并购重组越摧毁卖方价值(令 $y = 1.587 - 0.121x = 0$,得到 $x = 13.1157$)。有趣的是,通过前面的对买方的分析已经看到,买方交易前平均利润率为 24.1801%,交易后平均利润率下降为 4.9674%,下降幅度高达 19.2127 个百分点。如果同样我们假设卖方交易前平均利润率为 24.1801%(和买方相同),交易后利润率将下降到 - 1.3398%,下降幅度超过 25 个百分点(令 $x = 24.1801$,代入回归方程 $y = 1.587 - 0.121x$,得到 $y = -1.3398$)。这说明,无论是卖方还是卖方,在交易前三年如果利润较高的话,交易后当年利润率都呈现猛烈下降趋势。一种可能的解释是,并购重组仅仅是大股东转移利润的方式,尤其是业绩好的上市公司经常成为控股股东的提款机。

表 1 - 5 系数表[a]

非标准化系数		标准化系数	t 值	显著性水平
B	标准误	Beta 系数		
1.587	0.893	—	1.777	0.076
- 0.121	0.039	- 0.034	- 3.082	0.002

注:a. 因变量:y。

第四节　与其他研究结果的比较

和其他研究相比，本研究的卖方公司实际上可以看作并购重组的目标公司的股东或股东之一。大量的研究表明，并购重组中目标公司股东收益一般都为正。张新（2003）以1993～2002年中国 A 股上市公司发生的 1216 起并购重组事件为分析样本，研究结果表明：无论采取事件研究法，还是采取会计业绩数据，都表明并购重组为目标公司股东创造了价值。余光和杨荣（2000）通过对 1993～1995 年沪深两市并购样本的研究表明，并购中目标公司股东的价值上升。李靖霞和王毅刚（2009）采用由双变量 GARCH 模型进行修正过的事件研究方法，对 2007 年 51 起代表性并购事件进行实证研究，结果表明，在短期内并购能给目标公司带来显著的价值增值。我们这里研究的卖方公司（即并购重组的目标公司的法人股东）在并购重组后利润率有所上升，表明并购重组为目标公司股东创造了价值。总体来说，本研究和其他研究的结果是一致的，但本研究得出的结论更加深入，例如本研究得出了并购重组为卖方公司创造价值的更精确条件，即卖方公司并购前的效益越差，并购后价值创造效应才越大。

同样，和其他研究相比，本研究的买方公司实际上可以看作并购重组的主并方。一些研究表明收益为负，这种现象被称为"赢者的诅咒"（Billett and Qian，2008；Delong，2001；Walker，2000；Malmendierand Tate，2008；Heaton，2002），还有一些研究表明正负都不显著（Lyroudi, Lazardis and Subeniotis，1999）。即使一些研究表明收益为正（Leeth and Borg，2000；Martynova and Renneboog，2006；Phalippou and Gottschalg，2009），但正的超额收益却很低。我们这里的研究却得出一个很明显的结论，即并购重组给买方公司（主并方）带来了利润率的急剧下降，说明我国的并购重组不但没有给买方公司（主并方）带来价值，反而摧毁了买方公司的价值。一些研究表明，近年来我国股市的平均收益率约为－2%，而美国股市的平均收益率为10%左右，这也充分说明，我国股市整体来说没有创造价值，反而在一定程度上摧毁价值。

第五节　结论

并购重组给业绩差的卖方带来少量正的价值效应。然而，无论是卖方还是买方，具有良好业绩的企业在并购重组后都出现了大幅度的利润率下降，价值效应显著为负。总体来看，我国股市1998～2011年并购重组行为总的价值效应为负，上市公司的并购重组行为实际上变成了大股东对上市公司的"抽血"行为，中小股东的利益受到损害，尤其是很多利益集团利用手中掌握的行政权力、资源及信息优势，并通过制造制度漏洞，从广大中小股民身上攫取了太多的利益，使股市呈现一种负和博弈。基于此，我国证监会对绩差公司的监管应该由过去的鼓励并购重组转变为淘汰为主，这意味着一些不符合上市条件的公司应该坚决下市，彻底扭转目前资源的两种逆向配置局面。

第一种资源的逆向配置局面，是指资源从股市外的绩效好的非上市公司向股市内的绩效差的上市公司转移的不正常现象。这种现象产生的原因是一些好的中小型非上市公司虽然业绩好，但由于等待上市需要太长的时间（这与证监会现行的发行审核制度有关），于是通过并购重组的方式纳入一些绩效差的上市公司的资产盘子中，致使好资产的质量下降，这实质上是一种劣币驱逐良币的过程，最终造成整个社会资源的极大浪费。第二种资源的逆向配置局面，是指刚刚上市的资产质量和赢利能力非常好的上市公司，在股价很高的情况下，大股东或关联方通过现金、融资融券或者定向增发迅速以高价将一些质量很差的资产以并购重组的方式买进来，快速实现大股东或相关利益方的利益最大化，但却稀释了原有的赢利能力很强的资产质量，使得原有的高利润率在一段时间后迅速下降，从而倒逼股价下降，使得原先以高价买股的中小股东利益受损。这种资源的逆向配置是摧毁中小股东价值的主要来源，应该从制度上加以遏制。

主要参考文献

［1］李善民、陈玉罡：《上市公司兼并与并购的财富效应》，《经济研究》2002 年第 11 期。

［2］李善民、朱涛：《管理者动机与并购绩效研究》，《经济管理》2005 年第 5 期。

［3］张新：《中国并购重组全析》，上海三联书店，2004。

第二章
中国股市的历史沿革

——兼论中国股市并购重组的制度性缺陷及改革

中国上市公司小股东为国有企业的改革和脱困做出了巨大的资金贡献，正是这种巨大的资金贡献，大大降低了整个改革的成本，降低了改革的阻力，润滑了各利益相关方的矛盾，在某种程度上起到了二次分配的作用，也起到了将分散的民间资金聚集起来办大事的作用。而且，由于各种约束机制的不规范，使得从股市融资成为企业融资成本最低、风险最低的方式，这极大地刺激了企业从股市融资的积极性。但是由于小股民的长期输血和不断亏损，而股市在制度性建设方面仍远远跟不上，这部分地教育了广大股民——股市存在高风险。尤其是和房地产价格的飙升相比，股市的负收益率让广大股民的投资渐渐地变得理性起来。大量中小股东对股市资金"输血"，他们亏损累累，这么多的资金哪里去了？其中一个途径就是，上市公司的大股东和少数内部信息获得者及利益相关人，用并购重组的手段将这些小股民的钱合法地变成了自己的收益，从而形成了一种既与才能无关又与反贫困无关的财富再分配。虽然，不可否认，与上市公司相关的并购重组确实有部分达成了双赢的局面，但从我们的数量巨大的样本的研究情况来看，总的来说，并购重组并没有真正达到创造价值的目的，反而有摧毁价值的嫌疑。

为什么中国股市呈现这样一种奇怪的摧毁股东价值的特征呢？本章的结论是，这与中国股市的一些特点密不可分。我们先要看一看中国股市的历史和及各阶段特点。关于中国股市的历史阶段的区分，各有不同的看法，但本书主要以股权分置及其解决为特点进行区分。可以说，股市的并购重组及其特征与股权的分置关系极大。正是因为股权的分置，也就是股权被人为分为流通股和非流通股，正是这种股市的二元结构使得上市公司的并购具备了寻租的动机。原因有以下几点。第一，上市成为了一种特权，这种特权人为地割裂了市场之间的经济关系。一旦企业上市，企业就能获得低成本融资的优势。由于上市门槛高，上市公司相对较少，而股市资金的供应却相对充裕，于是上市公司相对于非上市公司获得了一种特殊的融资优势。即使上市公司业绩不佳，它们的壳资源也成为异常宝贵的资源，于是大量围绕壳资源的并购重组就产生了。第二，以国有股和法人股为主的非流通股和以中小股民为主的非流通股同股不同权，这种矛盾使得我国上市公司的并购重组常常是以各利益相关方损害中小股民的利益为代价。第三，以中小股民为主的股市具有赌市的特征，很容易造成股市的大起大落，而这种大起大落又为利用并购重组投机创造了条件。

第一节　上海、深圳两个证券交易所创立
（1990 年 3 月～1992 年 10 月）

　　1990 年 3 月，政府允许上海、深圳两地试点公开发行股票，两地分别颁布了有关股票发行和交易的管理办法。1990 年 12 月 19 日，上海证券交易所成立。当时在上交所上市的企业有 8 家，开市以后，股价持续上升的有豫园商场、凤凰化工和爱使股份。1990 年 12 月上交所开业时，加上爱使电子，8 家上市公司的资金规模也仅为 2.6 亿元。8 家上市公司中有两家关联企业：上海飞乐股份和上海飞乐音响，俗称"大飞乐"和"小飞乐"。"小飞乐"、爱使股份与延中实业有一个共同特征，就是没有国家股，当时被称为"集体企业"，俗称"街道企业"。申华电工也没有国家股，实际上是中国特色的乡镇企业。8 家上市公司中，身价最高的是真空电子。1989 年在全国 100 家电子企业中销售额名列第十二，利税总额则高居第二。真空电子在 1991 年 6 月的市值是 8.6 亿多元，占上海股市总市值的 60% 以上。8 家上市公司有一个共同之处——每年都分红，而且股息率很高。这些上市公司的股息率大多为 18.75%，最高的是22%。从这些数据可以看出，在中国证监会成立之前，当时的上市公司极具市场特色，和成熟的西方上市公司的分红情况等非常相似。

　　1990 年 12 月 1 日，深圳证券交易所试营业。在 1991 年7 月 3 日正式营业时，挂牌企业有深发展、深万科、深安达、深金田和深原野。交易所的会员单位 1990 年仅有 26家，其中以信托投资公司为主，占了 14 家，证券公司仅有

6 家，还有就是城市信用合作社。

1992 年初，邓小平南方谈话肯定了股票交易所在市场经济中的作用，为中国股市的发展创造了良好的氛围（当然，邓小平的肯定是辩证的和谨慎的，一方面讲要大胆试，另一方面又说搞得不好就关）。今天最能代表中国股市的量化指标是上证指数（上证指数以 1990 年 12 月 19 日为 100 点），它的最初发布日是 1991 年 7 月 15 日，以 133 点报收，到了 1991 年 12 月 31 日已是 292 点。1992 年 5 月 21 日，上海股市全面放开股价，上证指数从前一天的 623 点冲到 1334 点，并在 5 月 26 日达到全年最高点 1429 点。由于这一年有 30 多只新股票上市，比 1991 年增长了 3.88 倍，对投资者的心理冲击和资金面压力巨大，股指一路下滑到 393 点，出现了上海股市的第一次"熊市"。但不久就反弹，在 1992 年底，上证指数收在 780 点上。与上市公司激增同步的，是股票交易额几十倍地放大，股票总成交金额 247 亿元，比 1991 年增长了近 30 倍；市价总值 558.4 亿元，增长了 317.98 倍。上交所的会员单位也达到 75 家，比以前增加了 49 家，交易所场内的席位也从最初的 25 个扩大到 1992 年底的 500 多个，到 1994 年则扩大到了 3000 多个。

第二节　中国证监会成立后，股权分置问题开始出现并不断发酵（1992 年 12 月～2004 年 1 月）

1992 年 10 月 12 日，中国证监会成立。可以说，中国证监会的成立使得非流通股和流通股的区分变得制度化和合理化，这极大地影响了中国股市的并购重组。中国证监会的成立也使得本应是市场行为的公司上市与退市受到了权利和权力博弈的影响。一般来说，上市公司的审批和融资应该由交易所来决定，而交易所本身就是一家股份制公司，这样，市场就可以充分发挥作用来调节股价。但由于中国证监会将上市公司的审批和再融资变成了自己的职能。也就是说，本应该是市场干的事情，却由于种种原因，变成了行政权力。而本应该保护中小股民的利益的事情，防止股市操纵、欺诈等本该证监会干的事情，证监会却没有管好。证监会自己既承担了裁判的功能，又承担了运动员的功能，失去了在既得利益面前的超脱性。

影响到中国股市长远发展或者说让中国股市受到"路径依赖"的，就是"国家股""法人股"与"个人股"的区分，直接导致了中国股市的结构性缺陷。股票被人为地划分为流通股和非流通股。当年的不流通，源自对意识形态的考虑，不能让民间力量私有化公有制企业，但由于"法人股"与"不流通股"画上了等号，结果很多民营企业的"法人股"也不能流通了。只要不被称为"法人股"或"国家股"，就可以想办法变相流通。在 1992 年之前是没有"法人股"这个概念的，只有所谓的"单位股"，后来有许多都划为流通股。中国证监会监管严格后，再也没有发生这种事。由政府的行政控制造成的另外一个影响深远的问题是把每年的上市资金规模定一个额度，然后分配给各个省、直辖市、自治区和中央部委。在一个完全市场化的股市里，只要企业达到一定的上市标准，其发行的股票有投资者认购，便可上市。而在当时，上市变成了一个特许融资的权力，被人们形象地称为"圈钱"。重要的是能不能分配到融资的额度，而每个省内的额度分配一般都是由省委决定的，甚至是由领导跑来的。这和过去为了一个大型项目到计委报批是一样的概念。除了总体额度之外，还要限制家数，因为如果只定额度，每个部门和省、直辖市、自治区可以把它们分成很多家企业，等到上市后，通过再融资把股本扩大。

1993 年上证指数尽管达到了最高点 1558 点，随着发行额度的明确，市场开始进入真正的低迷期，年底收在 833 点。1994 年 2 月 14 日，政府宣布 1994 年新股发行额度为 55 亿元，虽然比 1993 年的 195 亿元低得多，但市场并不买账，3 月 10 日上证指数跌破 700 点。4 个月后，7 月 29 日，上证指数跌到全年最低点 325 点。中国证监会在 8 月 1 日宣布救市，暂停新股上市，当天深沪两市的涨幅均超过了30%。9 月 13 日，上证指数到达当年最高点 1052 点，随后又暴跌36%以上。

早期证券市场的价格波动幅度很大，这也反映到平均市盈率上，上下波动变化幅度很大。以深市为例，1991 年，最高 54 倍，最低 11 倍；1992 年在 21～64 倍之间波动；1993 年在 28～97 倍之间波动；1994 年在 7～33 倍之间波动；1995 年 5～13 倍之间波动。

1996 年 1 月 22 日，深市的市盈率又到了当年最低的 8 倍，而沪市的当年最低市盈率到 9 月 12 日才出现，为 26 倍。于是深市在龙头股"深发展"的带动下，从年初便一波一波往上发力，深成指从 924 点升至最高点 4522 点。沪市上证指数全年也从 550 点升到 1258 点。当时两地政府把股指与金融中心挂钩，于是，从市府到银行，从交易所到一些券商，从上市公司到当地证券媒体，几乎都在探讨如何把股市搞上去。这引起了证监会的警惕，从 10 月 22 日起，中国证监会开始连续发布多道通知和评论，警告市场方方面面不要从事融资交易，严禁操纵市场，查处机构违规事件。这就是后来被称为"十二道金牌"的规定。

不过，深沪两地的市场早已处于亢奋中，每一次打压，只能让股指稍一回调便又勇往直前。1996 年 12 月 15 日晚，中央电视台新闻联播节目全文宣读了特约评论员文章《正确认识当前股票市场》。文章指出："1996 年 4 月 1 ~ 12 月 9 日，上证指数暴涨 120%，深成指暴涨 340%。几个月来新增投资者开户数 800 多万户，总数超过 2100 万户，是不正常和非理性的。"12 月 16 日，两地市场开始执行股票交易价格涨跌幅 10% 的新规定，除了某新股上市上涨 139% 外，其余 610 只股票和基金全线跌停，第二天又是全线跌停，第三天才将市场稳住。

1997 年 7 月 2 日，国务院决定将上交所和深交所划归中国证监会直接管理，交易所正副总经理由证监会直接任命，正副理事长由证监会提名，理事会选举产生。两个地方政府不仅失去了对交易所的支配，证券交易印花税也拿得越来越少。1993 年之前是全部归沪深两市政府；之后是地方与中央七三开；1998 年改为中央 88%，地方 12%；从 2002 年起，中央是 97%，地方是 3%。

中央重视的不仅是交易税，更重要的是股市这个融资平台可以为国有企业的脱困做出巨大贡献。1997 年和 1998 年，中央政府强调股市的规范，但主要盯住投资行为，对上市公司和中介机构却相对宽容。1998 年前后，在市场中转轨的国企遇到很大困难，中小企业可以 MBO 或拍卖给个人，但一些大型企业不能卖，这时候股市融资成为国企脱困的一个重要途径。国企上市前和上市后，常常必须兼并重组一些困难企业。为了挽救衰落的国企，让它们进入最该奖优罚劣的股市，资源的错配是注定的，这就导致了后来人们常说的上市定律：上市公司第一年绩优，第二年绩平，第三年绩差，第四年亏损，第五年资产重组。为了保住壳资源而进行的资产重组充当了曲线挽救上市公司的推手。但一旦重组后，很快又陷入新一轮的上市定律，只不过速度更快而已，于是，再一轮的并购重组又来了。所以，一些绩差公司不断通过并购重组一轮又一轮地吞噬着中小股东的财富，于是有人形象地称之为"股市绞肉机"。

1997 年 6 月 26～27 日，两地股市两天内共上市新股 16 只，创当时历史上上市数量之最。上市总量达 6.88 亿股。6 月 27 日，深沪股市又上市 6 家。

这里有一个有名的案例，可以说明当时上市公司是如何从中小股东圈钱的。1997 年 5 月 23 日，前身是国营红光电子管厂的红光，以每股 6.05 元价格向社会公开发行股份 7000 万股，募集资金 4.1 亿元。1998 年 4 月 30 日，红光实业年报披露每股亏损 0.863 元，成为中国股市首家上市当年即亏损的公司。后来发现：1996 年度红光实际亏损 1.03 亿元，却虚报赢利 5400 万元，骗取上市资格。红光上市后，又将 1997 年上半年亏损 6500 万元披露为赢利 1674 万元。在公布 1997 年年度报告时，又将实际亏损 2.2952 亿元少报了 3125 万元。红光仅将募集资金的 16.5%（6770 万元）投入招股说明书中所承诺的项目，其余大部分用于偿还银行贷款和填补公司亏损。2000 年底，成都中级法院判红光犯有欺诈发行股票罪，判处罚金 100 万元。几乎等于零的犯罪成本，实际上变相鼓励了上市公司的违规行为。

1996 年中央政府对股市猛烈调控，仍未抑制住第二年股市的上涨，这说明行政控制很难从根本上解决股市的结构性缺陷。1997 年 5 月 13 日，上证指数冲至 1510 点。在政府

"提高股票印花税""严禁国有企业和上市公司炒作股票"，尤其是宣布将股票发行额度扩大到 300 亿元后，牛市终于转熊市。

1998 年是熊市。1998 年下半年，金融危机恶化和洪灾泛滥，受此影响，8 月初，上证指数几乎连跌 10 天，从 1299 点跌至 1043 点。

这里有一个插曲。1998 年 12 月 29 日，《证券法》在全国人大第六次会议上通过。早在 1992 年 8 月，就由全国人大财经委起草《证券法》，但其规范的内容却与人大法工委正在起草的《公司法》发生了冲突。1997 年，中央决定加快立法的步伐，《证券法》迅速出台。这部《证券法》从总体上而言还是粗线条的，比如虽然将上市由审批制改成核准制，但看不出审批制与核准制的根本区别。

在 1999 年 5 月 19 日之前，中国股市仍未走出熊市，但在 5 月 19～28 日短短的时间内，上证指数从 1058 点上升至 1300 点左右，累计升幅约 25%。6 月 1～14 日，在央行降息和证监会将 B 股印花税由 4‰降到 3‰的背景下，上证指数蹿升到了 1427 点。1999 年 6 月 15 日，《人民日报》头版头条发表了一篇题为《坚定信心，规范发展》的文章，认为 1999 年的股市是"恢复性上涨"。实际上，1999 年 6 月 29 日深沪股市的市盈率已达到了 48 倍左右，应该说已经存在一定的泡沫了。1999 年 9 月 9 日，三类企业获准入市，沪指大涨 103.52 点，涨幅 6.59%。在这样的背景下，1999 年许多困难企业开始上市"脱困"，后来暴露出来的很多违规造假的企业多是那时上市的。

1999 年，中国上市公司的数量已经接近 1000 家，很多股票中出现了庄家对倒操纵市场的股市欺诈情况。庄家操纵市场的标准范式是，在股价底部反复购买股票，等到想出货实现利润时，庄家发布并购重组或其他利好消息，引诱中小股民疯狂抢购，接下庄家最后一棒的中小股民被长期套牢，损失惨重。本应该是中国证监会要保护的弱势的中小股民，反而成为了制度不规范的牺牲品。

1999 年 6 月 22 日，在 1993 年 2 月 6 日创下最高点 1558 点的 6 年后，上证指数再次突破 1558 点，两天后突破 1705 点。创出天量、天价之后，股指大幅回调，1999 年的所谓"5·19"行情结束。

2001 年 1 月初，经济学家吴敬琏抛出"赌场论"，怒斥股市黑庄，国内掀起股市大讨论。实际上某些并购重组也成了操纵股市的手段。

2001 年 6 月 14 日，国有股减持办法出台。在中国股市建立之初，为了怕国有资产流失，规定国有股份不能流通。粗算一下，国有股加上法人股，非流通股要占总股本的2/3。精确言之，11 年积累的国有股存量到 2001 年 6 月 30 日已达到 1786.06 亿股，占 8943.63 亿存量总股本的 42.23%。减持势必意味着扩容，而按照新股发行价格减持，必然稀释流通股，流通股必然下跌。沪指创下 11 年来新高 2245 点。2001 年 7 月 13 日，股市仍在高位盘整。2001 年 7 月 26 日国有股减持在新股发行中正式开始，果然股市暴跌，沪指跌 32.55 点。2001 年 10 月 19 日，沪指已从 6 月 14 日的 2245 点猛跌至 1514 点，50 多只股票跌停。80% 的投资者被套牢，基金净值缩水了 40%，而券商佣金收入下降 30%。2001 年 10 月 22 日，国有股减持被迫暂停。由五部委联合调研、财政部主持的国有股减持办法，实行了 3 个月就被证监会一家宣布暂停了。有很多原因导致了 2001 年的股市暴跌，其中包括央行规范资金、银广厦等庄股内幕彻底曝光、当年股市整顿等。国有股减持是将非流通股变为流通股的一次尝试，但牵涉与民争利，直接导致了股市大跌，因而未能毕其功于一役。

2003年1月6日，上证指数最低跌至1311点，跌去了近400点。2002年12月，中国证监会颁布并施行《合格境外机构投资者境内证券投资管理暂行办法》，这标志着我国QFII制度正式启动。2003年4月4日，沪深证交所发布通知，警示退市风险将启用＊ST标记。2004年8月31日，某证监会规划委委员发表《用新政扭转股市发展危机》一文对股市进行了一个精辟的总结。文中指出，以圈钱为目的的股市已经严重偏离"以人为本""执政为民"的执政方针，这种掠夺式的经营已经难以为继。2004年11月5日，股票质押贷款办法出台。2004年有两个事件将被记入历史：一个是南方、汉唐、闽发、大鹏等靠"坐庄"为生的券商，资金链断裂后难以为继，或被接管或被清盘；另一个是多年来利用并购重组在资本市场呼风唤雨的德隆系倒下。

2004年6月28日，新和成等8家民企在深圳交易所上市，标志着中小企业板市场正式启动。8家中小企业上市后第一天，就造就了不少亿万富翁。中小企业板原来叫创业板，2000年准备开业。2001年11月7日，朱镕基在文莱表示，吸取中国香港与世界其他市场的经验，把主板市场整顿好后再推出创业板市场。在证券市场未整理之前，如果贸然推出创业板市场，担心会重复出现主板市场的错误和弱点。因为世界股市真正成功的创业板市场只有美国的纳斯达克市场，中国香港的创业板市场自创立以来成交低迷。

第三节　股权分置问题的解决
（2004 年 2 月～2006 年 12 月）

2004 年 2 月 1 日，国务院签发《国务院关于推进资本市场改革开放和稳定发展的若干意见》，俗称"国九条"，试图从整体上来统筹解决中国股市的问题。"国九条"有一个新提法，就是"积极稳妥解决股权分置问题"。股权分置问题已经严重影响中国股市未来的发展，到了不得不解决的地步了。2005 年 5 月 9 日，证监会迅速圈定了 4 家上市公司进入股权分置改革首批试点。2005 年 4 月 29 日，上证指数收盘是 1159 点，到了 2005 年 6 月 6 日，上证指数跌穿千点，最低为 998 点。自 2005 年 2 月以来，上证指数绝地翻身，一度重返 1300 点之上。中国证监会发现，面对千差万别的上市公司、非流通股股东和流通股股东，根本不可能找出一个能让大家都满意的方案，于是把股权分置这个难题推由市场来解决。非流通股股东是"索赔"对象，没有表决权，是否流通完全由流通股股东决定，按规则，必须经参加表决的流通股股东所持表决权的 2/3 以上方可通过。"三一重工"向流通股股东支付对价的方案是 10 股送 3.5 股和 8 元现金，被高票通过。金牛能源每 10 股送 2.5 股、紫江企业每 10 股送 3 股。以后的股改对价支付方案也证明，只要高于每 10 股送 3 股的水平，一般中小股东都能接受。2005 年 6 月 20 日，42 家公司获准进行第二批股改试点。大多公司选择送股方案，送股比例 10 送 3 左右。不便送股或送股少的公司以送现金、认购权证或沽空权证方案补充。股改后的股票名称前面加 G。在第二批 42 家试点公司中，有 34 家推

出了送股方案，占 80.95%，其中最高的每 10 股可以送 5
股，最少的是每 10 股送 1 股。派现一般是配合送股，也有
上市公司采用缩股和送权证，但不多。2005 年 9 月 5 日，
全面股改即将步入操作阶段，《上市公司股权分置改革管理
办法》正式出台。

除了这些送股、派现外，有些上市公司还有辅助条款。
比如中国证监会本来要求股改的上市公司的非流通股股东应
当承诺，其持有的非流通股份自获得上市流通权之日起，至
少在 12 个月内不交易或者转让，有的股改公司就延长禁售
期，从 24 个月到几年不等。又如中国证监会规定，在禁售
期满后，非流通股股东应承诺，出售股份的数量占该公司股
份总数的比例在 12 个月内不超过 5%，在 24 个月内不超过
10%，有些公司就承诺，在禁售期满后，在一定期间内保证
最低持股比例。2006 年 1 月 14 日，当时的证监会主席尚福
林指出：年内基本完成股改。

2005 年 12 月 6 日，上证指数 1074，大盘从此上涨，沪
深股市迎来大牛市。2006 年 1 月 18～19 日，上证指数突破
1200 点。2006 年 4 月 3 日，大盘突破 1300 点。经过两个月
小幅整理后，新一轮涨势开始。2006 年 5 月 15 日，沪市成
交量 533 亿元，创下历史天量，两市 212 只非 ST 个股涨停，
指数 7 个交易日涨幅近 20%。2006 年 5 月 18 日，IPO 新规
正式实行。2006 年 5 月 25 日，全流通 IPO 第一股中工国际
发行 6000 万 A 股。2006 年 6 月 19 日，中工国际上市，发
行价 7.4 元，开盘 17.11 元，收盘 31.97 元，盘中最高 50
元，最大涨幅 576%。随后连续 5 天跌停。2006 年 6～7 月，
中国银行先后在香港和上海上市。2006 年 10 月 27 日，工
商银行 A 和 H 股两地同步上市。2006 年 7 月 3 日，宣布融

资融券试点 8 月启动。2006 年 7 月 4 日，上证指数突破 1700 点。2006 年 7 月 13 日，牛市大回调，跌 4.84%，超过 200 只个股跌停。2006 年 8 月 7 日，上证指数见回调低点 1541 点后一路上扬。

2006 年 7 月，泰跃系掌门刘军被捕，泰跃系旗下景谷林业、湖北金环、茂化石华纷纷向泰跃讨要欠款，并宣布拍卖或转让泰跃系所持公司股权。2006 年 11 月 20 日，上证指数 5 年后重上 2000 点。2006 年 12 月 14 日，上证指数突破 2245 点创下历史新高。全年沪深指数上涨超过 120%。

2006～2007 年股票轮番上涨有以下特点：有色金属股 2006 年初涨得多，此后半年多停滞，2007 年再度暴涨；房地产股类似；2006 年下半年银行股开始上涨；2006 年底钢铁股和化肥股开始上涨；煤炭股则到 2007 年才开始涨，而且是大涨。

第四节　疯涨及随后的猛跌，使股市进入深度调整阶段（2007 年至今）

2007 年 1 月 9 日，中国人寿 A 股上市，大盘大涨 3.72%，沪深股市总市值首次突破 10 万亿元。证券化率（一国证券总市值占 GDP 比重）超过 50%。2007 年 1 月 22 日，沪市成交量首次突破 1000 亿元大关，成交 1049 亿元。2007 年 2～3 月，股市经过 2 月 27 日暴跌后又继续上涨。出现全民炒股，居民银行存款大搬家现象。存款准备金率屡次提高也难挡牛市。2007 年 5 月 9 日，上证指数突破 4000 点，垃圾股被疯炒。2007 年 5 月 14 日，证监会发布《关于进一步加强投资者教育，强化市场监管有关工作的通知》，提出"买者自负"的原则。2007 年 5 月 21

日，央行出台调控"组合拳"，提高利率和准备金率，但大盘继续上扬。2007 年 5 月 29 日晚，财政部宣布印花税自次日起上调为 3‰。股市出现所谓的"5·30"大跌行情，5 月 30 日上证指数大跌 6.50%。2007 年 6 月 4 日再大跌 8.26%，垃圾股连续跌停。2007 年 6 月 5 日，指数大跌反弹，继续走高。开放基金推波助澜。有银行而无证券公司的小城镇居民大多成为基民，他们未必知道所买基金投资的股票以及这些股票的价格。2007 年 8 月 6 日收盘，沪深两市共有百元以上股票六只：中国船舶、成都建设、贵州茅台、国脉科技、山河智能、山东黄金；百元以上股票的平均动态市盈率为 135 倍。随后上过百元的还有：吉恩镍业、中国平安、天马股份、石基信息、金风科技、獐子岛、广电运通和东华科技。2007 年 10 月 11 日，中国船舶股价超过 300 元，一年后跌到 30 多元。2007 年 8 月 9 日，沪深总市值达到 21 万亿元，超过 GDP。

2007 年 8 月 23 日，上证指数站上 5000 点。2007 年 10 月 15 日，上证指数突破 6000 点大关。2007 年 10 月 16 日，上证指数见高点 6124.04 点。

2007 年 11 月 5 日，已经在香港上市的中国石油发行 A 股 40 亿股上市，募集资金 668 亿元。发行价 16.7 元，开盘价 48.6 元，收盘价 43.96 元。一年后股价跌破 10 元。2007 年，中国石油、中国神华、建设银行、中国平安等 9 家 H 股或红筹股回归，每家募集资金超过 100 亿元。中石油上市后，两市总市值超过 30 万亿元。2007 年 11 月 13 日，CPI 快速上涨，创 11 年最高。2007 年 11 月 27 日，中共中央政治局会议提出"防过热，防通胀"，大熊市接着展开。2008 年 1 月 16 日，存款准备金率上调 0.5 个百分点，股市收跌

2.63%。2008 年 1 月 21 日，平安传出欲再融资 1600 亿元，平安跌停，沪指暴跌 5.14%。上证指数跌破 5000 点。22 日收跌 7.22%。2008 年 2 月 5 日，春节前最后交易日，中石油 10 亿股解禁，股价跌幅超 6%。2008 年 4 月 22 日，沪指大涨 4.15%，晚上有消息宣布：降印花税从 3‰降为 1‰。4 月 24 日大盘涨 9.29%。2008 年上半年，境外煤价、钢材价格、化肥价以及许多化工产品价格暴涨，带动国内价格上涨。国内化工产品 5~6 月出现井喷行情。通货膨胀形势严峻。2008 年 6 月 7 日，存款准备金率上调 1%，到达 17.5%。这是一次最有争议的上调。6 月 10 日，沪指暴跌 7.7%，近千只个股跌停。6 月 12 日，沪指跌破 3000 点。随后房价大跌消息不断，房地产股表现更差。2008 年 8 月 28 日，证监会出台上市公司大股东增持新规；9 月 23 日，汇金通过股市增持三大银行股。2008 年 9 月 14 日，美国雷曼公司宣布破产。2008 年 9 月 16 日宣布人民币贷款基准利率下调 0.27 个百分点。2008 年 9 月 19 日，汇金开始回购三大银行股，印花税改为单边征收（1‰）。股市大涨，银行股涨停。2008 年 11 月 11 日，中国政府宣布 4 万亿投资计划，钢铁股、水泥股、工程机械股等强劲反弹。2008 年 12 月 31 日，沪市收在 1820 点，深市收在 6485 点。两市全年跌幅约 65%，表现最好的偏股型开放式基金跌幅 31%。2009 年春节前后，各种激励和振兴政策出台，A 股不顾国际股市下跌，独立上涨。2009 年 2 月 17 日，上证指数涨到 2402 点。很多小盘股和新股从低点上涨超过一倍，大盘股，特别是中石油、中石化及银行股的表现令人失望。2009 年 3 月下旬，中行、工行公布的业绩好于预期，H 股银行股和地产股大涨。2009 年 3 月底，沪深股指上涨，分别接近 2400 点和

9000 点。2009 年 4 月，全国房价猛烈上涨，带动许多股票价格上涨。过去叫空的许多机构，特别是外资机构，开始唱多。2009 年 5 月 7 日，上证指数向上突破 2600 点，2009 年 6 月初，招行、发展、建行等银行股普遍大幅上涨。2009 年 6 月 10 日，上证指数创出 2820 点近期新高。

2009 年 8 月 4 日，上证指数创下年内 3478 点新高，随后连续多日大跌，月底跌回 2700 点以下。银行股、煤炭股、地产股跌幅较大。涨跌都和信贷政策有关。2009 年 10 月 30 日，创业板开张，第一天就疯狂，28 家股票上市，股票高开高走，大多数股票相对认购价涨幅超过 100%，有些超过 200%。市盈率高的达到 100 倍，华谊兄弟超过 200 倍。开市后到中午，股票普遍上涨 50%，收市时又大多跌回原位。2009 年 12 月上旬，上证指数在 3200～3300 点波动。2010 年 3 月 26 日，证监会批复同意中国金融期货交易所上市沪深 300 股票指数期货合约。上市启动仪式于 4 月 8 日举行，首批四个沪深 300 股票指数期货合约于 4 月 16 日上市交易。上海、深圳证券交易所正式向 6 家试点券商发出通知，于 2010 年 3 月 31 日起接受券商的融资融券交易申报，这标志着经过 4 年精心准备的融资融券交易正式进入市场操作阶段。2010 年 4 月 16 日，股指期货首批四个沪深 300 股票指数期货合约上市，合约为 2010 年 5 月、6 月、9 月和 12 月合约，挂盘基准价均为 3399 点。8 月 5 日，近期证监会下发了一系列文件，对并购重组过程中的各细节问题进行了明确。2010 年 9 月 16 日，证监会网站公布《并购重组共性问题审核意见关注要点》，涉及监管层在审核重组项目时重点关注的十大方面。2010 年 10 月 11 日，第三届上市公司并购重组审核委员会成立大会召开。尚福林指出，要大力推进资本市场并购重组规范发展，形成规范推进资本市场并购重组的十项工作安排。2010年11月26日，中国证监会对2009年并购重组项目审核反馈意见所关注的共性问题进行进一步梳理，并在2010年9月公布的《并购重组共性问题审核意见关注要点》的基础上增加编制了五大关注点。2010年12月31日，上证综指收于2808.08点，深证成指收于12458.55点。与2009年末相比，2010年末上证综指下跌了469.06点，下跌幅度为14.31%；深证成指下跌了1241.42点，下跌幅度为9.06%。2010年的熊市表现，与股指期货市场的做空有一定的关系。2011年1月14日，央行宣布上调存款准备金率0.5个百分点，以后连续多次上调准备金率，并提高利率。5月13日，证监会下发《关于修改上市公司重大资产重组与配套融资相关规定的决定（征求意见稿）》，明确了借壳上市将执行IPO趋同标准。2011年5月23日，沪综指失守2800点关口。2011年7月7日，工业和信息化部副部长苏波透露，"十二五"期间我国将以汽车、钢铁、水泥、机械制造、电解铝、稀土、电子信息、医药八大行业为重点，推动兼并重组。2011年9月26日，亚太股市满盘皆黑，上证综指跌破2400点，创年内新低。2011年10月10日，汇金公司宣布已在二级市场自主购入工、农、中、建四行股票，并拟在未来12个月内继续在二级市场增持各行股份。2011年10月11日，两市股指高开低走，沪指盘中再创新低2323.41点。2011年10月18日，年内最大IPO"中国水电"上市首日大涨17%，但A股却在市场资金链紧张担忧及外盘大跌拖累下再现大跌。2011年12月14日，沪指跌破2245点，关于A股"十年零涨幅"的讨论大热。2011年12月16日，RQFII试点启动，初期额度 200 亿元，28 日，沪指盘中再创本轮调整新低 2134.02 点。2011 年股市狂泻 600 余点，上证综合指数全年暴跌 21.6%，这一跌幅也创出 A 股 20 年证券史上第二大年度跌幅。2011 年共有 282 家企业在 A 股市场首发上市，220 家企业实施股权再融资，全年股票融资 5073 亿元。同期，上市公司债券融资 1707.4 亿元。相对于股票直接融资，债券市场的融资功能明显偏弱。

2012 年 9 月 26 日 14 点 54 分，上证综指瞬间跌破 2000 点，创下 1999.48 点的新低，这一天距离上一次 A 股的千点时代已经过去了 3 年 8 个月。在持续 5 个月的下跌后，2011 年排名史上第二大跌幅的 A 股，2012 年成为全球最"熊"股市。长期以来，重融资、轻分红是资本市场的顽疾之一。德邦证券的统计显示，2012 年 5 月初开始在 2400 点以上，大小非借助股市反弹逢高集体出逃。产业资本占到股市流通市值的比重，已经从 2005 年的 5% 提高到 50%。2011 年第四季度，受到宏观经济走软的影响，实体经济资金匮乏，大量产业资本选择从二级市场直接套现资金，最终让股市走向冰冻状态。2012 年 4 月开始，产业资本减持的力度逐步提升，到了 5 月减持达到年内最高峰值。中小板、创业板股票则成为大小非减持的重灾区。2012 年是创业板设立第三年，随着大量原始股陆续进入解禁期，特别是大股东减持行为一旦发生，股市面临巨大抛空压力。产业资本兑现的通道有两条：一是直接在二级市场抛出股票，在交易完成的同时进行公告；二是通过大宗交易进行折价快速套现，这为很多大小非所青睐。通常，小非股东都是上市公司的战略持有者，特别是一些在 IPO 前夕实施突击入股的股东，都会在解禁后选择直接套现。追本溯源，新股发行审核制，使 IPO 新股估值严重偏高，同时给突击入股的资金提供了巨大的套利机会。2012 年 6 月，首批 24 只中小企业私募发行完毕。当时国内私募债发行总额 37.83 亿元，平均发行期限 2.25 年，票面利率 9.08%。2012 年 7~8月，私募债发行速率却大大低于市场预期，两个月仅仅发行了 8 只债券，平均收益率也降低至不足 9%。对于企业来说，发债融资成本远高于银行贷款，发行私募债需要付出一定的路演成本。发行私募债的融资成本，较发行信托产品等方式并没有明显优势。由于历史原因，债券市场长期处于割裂状态。银监会主导银行间债券市场，发改委统辖非上市公司债券，证监会管理上市公司债券，债券市场多龙治水，异常混乱。6 月 29 日，上海、深圳两大交易所相继发布《关于完善上海证券交易所上市公司退市制度的方案》和《关于改进和完善深圳证券交易所主板、中小企业板上市公司退市制度的方案》。新版退市方案指出：净资产指标的退市期间由原定 2 年改为 3 年；同时，增加因追溯重述致使净资产为负、营业收入低于 1000 万元将实施退市；并特别规定，股价连续 20 个交易日低于面值等实施强制退市。创业板股票全面暴跌，ST 股更出现了单日"百股"跌停的惨烈状况。整个 8 月蓝筹股股票群接连跳水，张裕、苏宁电器、民生银行等品种频繁出现在融资卖空榜单中，部分投机性资金甚至通过主动打压股票，沽空获利。目前 A 股市场沽空获利的方式仅有两种：除了通过股指期货直接沽空指数，就是融券卖空股票。随着二季度经济形势的迅速恶化，进出口等多项指标创出新低，投资者避险情绪显著提升。截至 9 月底，2012 年上证综指下跌约 8.7%，同期汽车制造指数下跌 13%、石化行业指数下跌

9.7%，银行指数更是暴跌17%。投资者如果"响应号召"买入蓝筹股，深度被套是大概率事件。

第五节 股市和并购重组在某种程度上摧毁了股东价值

股市的并购重组与股市的特征密切相关。我国股市的二元结构特征，导致与股市相关的并购重组呈现摧毁价值的特征。

我们的研究结论和股市的以下情况是基本一致的。2007年10月16日，沪综指创出6124点的历史新高，之后开始震荡回落，截至2012年12月，沪综指一度跌破2000点。统计显示，在5年的时间内，A股总市值由2007年的28万亿元回落到2012年12月的约21万亿元，缩水超过25%，约7万亿元市值的价值被摧毁。5年中，除了2008年受到全球金融海啸的影响，沪深两市融资总额减至3396亿元，2009年为4382亿元，2010年则达到8000多亿元，2011年尽管市况低迷，两市总融资额依然达到7783亿元。股市的融资壮大了上市公司，也造就了无数"大小非"亿万富豪。截至2012年11月23日，A股账户数为16762.49万户，持股账户数5580.51万户，持股账户数占全部A股账户数的比例仅为33.29%；上一周参与交易账户数为562.31万户，占全部A股账户数的比例仅为3.35%。100个A股账户中，只有33个投资者持股，67个投资者选择空仓。另外，100个开户账户中，只有3个投资者还在交易，接近97%的账户变成"僵尸户"。2012年5~11月，A股持股账户总数一直保持在5600万户左右，在这7个月内，沪深A股总市值累计蒸发 4.3 万亿元，如果平摊给每位持仓投资者，人均亏损高达 7.68 万元。

以上事实充分表明，我国股市和并购重组总体来看没能为股东创造价值，相反，却在某种程度上摧毁价值。

第六节　关于我国股市和并购重组的若干建议

在股市低迷时期，各种各样的重振股市的建议纷至沓来，但大部分建议都集中在如何提高目前的股价，使一些老股民解套，如减少 IPO 发行等。在笔者看来，如果采用这些建议，只能导致又一轮的泡沫，最后还得跌回原形，如何从深层次的制度层面解决问题才是最为关键的。

总的解决原则应该是，将市场能做的事情交给市场做，政府主要是保证公平、公正和公开，保护广大中小投资者的利益。

根据这个原则，政府应该将深交所和上交所变成股份制公司或上市公司，而不是政府下面的一个权力机构。同时允许各个省份成立类似深交所或上交所之类的证券交易中心。证监会不再管理发行和审核，将这些应该由市场做的事情都交给市场来运作。之所以允许各个省份成立各自的证券交易中心，主要是因为如果证券业交易中心一旦按企业的模式来运作，政府就要保证这些证券交易所有充分的竞争，因为经济学已经证明，在类似完全竞争的情况下，效率是最高的。所以，至少应该允许各个省份都至少有一个证券交易中心。如此一来，就不会存在那么多公司排队等着上市的情况。只要符合各个交易所的条件，就可以上市。交易所本身是上市企业，它自己有着强烈的动力和动机加强监管，因为一旦交易所不加强监管，交易所就很可能倒闭。这样，许多靠做假账生存或者亏损严重的企业就会很快退市。同时，由于有各种不同交易所的存在，壳资源也就没有多大价值了。而且，由于交易所之间有着足够的竞争，企业上市的成本也会极大地降低。

只有在这种完全市场化运作的条件下，股市的价格才会反映公司的实际价值，也就是通常所说的价值回归基本面。如果公司的实际价值高于股市的价值，一些投资者就可以通过买入公司股票，从而取得控制权，然后使公司退市，从而赚取利润。也就是说，对于聪明的投资者来说，使上市公司退市并拆分公司也可以挣钱，这就改变了目前我国无数公司都想上市的被动局面。如果公司的实际价值低于股市的价值，那么投资者就可以通过做空机制卖出股票获利。也就是说，公司在股市的价值将围绕公司的实际价值上下波动，这样整个股市的价格就有了相对可靠的参照系，就能避免股市过山车式的大起大落，从而可以切实维护中小股东的权益。

证监会是一个类似法庭的机构，主要是对侵害股民权益的事情提起诉讼，它不再参与发行和审核的具体事项。同时证监会要强调它的处罚机制。至于股市的价格的高低，证监会没必要管，也不可能管好。因为股价的高低是公司的价值高低的事情，与证监会无关。

这种体系还彻底解决了一个问题，那就是股价与进入股市的资金相关。假如，在某一个时期，大量资金流入股市，使得股价猛烈提高，如果股价高于公司的实际价值，聪明的投资者就会利用做空机制来赚取利润。由于市场中存在着无数的做空的人，一旦进入股市的资金增加，做空机制马上就会发挥作用，很快就会稀释进入股市的资金，从而不太会影响股价。同样，如果大量资金流出股市，从而使股价降低，一旦股价低于公司的实际价值，聪明的投资者就会做多，使得股价不会出现大的波动，从而彻底解决了目前股市的政策市的问题。现在，股市的问题是，股民亏损严重，股民不满意；政府和证监会忙得焦头烂额，股民还是不满意；正常经营的企业也感到不满意。与其这样，还不如断臂求生，将其彻底交给市场，同时证监会集中精力对违法的事情进行监管。

这样一来，股价自然就与公司的价值真正挂上钩了。只有当公司的实际价值高的时候，股价才会高；当公司的实际价值低的时候，股价就会低。公司的股价是不平衡的。避免了中国目前在牛市时期所有的股票都跟风上涨，在熊市时期所有的股票都随之下跌的情形，股市的系统性风险将大为下降。一旦股市的系统性风险下降，股市的回报率自然会上去。

美国作为资本较为充裕的国家，按照股市的正常规律和经济学的基本规律，当资本越来越多的时候，它的边际收益是递减的，所以美国的资本收益率应该低于中国。目前美国的股市的资本收益率在 10% 左右，如果我国也实行以上的市场化的政策，估计未来的股市的资本收益率应该超过10%。当资本收益率超过 10% 的时候，分红就是很自然的了。而不必像现在一样，需要强制上市公司分红。

如果采用以上的措施，财务造假和虚假融资的情形就会大为减少。因为监督很多，财务造假的成本太大，自然就没有动力造假了。

第三章
中国并购重组市场主并公司
价值效应的实证研究：
2009～2010 年

　　并购重组对于目标公司股东来说，超额收益率一般都为正。但对并购方公司股东来说，过去大多数的研究表明，收益为负或为零。本章通过对 2009 年和 2010 年有代表性的 53 家并购方公司股东的收益率的研究发现，在并购前后 91 天的时间内，并购方公司股东获得了超过 14% 的超额收益率，并且显著为正。而且进一步的研究发现，额外的超额收益主要发生在并购事件法公告日前，表明目前的上市公司想通过并购重组获取额外收益，只有在能够获取内幕消息的情况下才有效，因而具有明显的投机性特征。

第一节　研究背景和文献综述

　　对于公司来说，企业并购重组战略是我国提高企业综合竞争力、调整产业结构、转变经济增长方式的重要途径。如何评价企业并购重组战略的市场价值，已经成为政府管理部门和企业共同面临的课题。和新建企业相比，公司通过并购重组可以迅速获得被并购企业的生产线、技术熟练工人、品牌、营销渠道、销售网络、许可证、技术诀窍、商标甚至政府关系网络等。总体来看，几乎所有的著名公司的成长途径都是通过并购发展壮大的，如微软、IBM、海尔、联想等，但遗憾的是，由于各种原因，许多并购方公司的并购活动在收购后对股东的价值效应仍然很低，甚至为负。

由于并购重组行为的复杂性，涉及收购方（重组方）、目标公司、收购（重组）方和目标公司的股东、雇员、债权人、公司所在社区、地方政府以及公共利益等，《公司法》《证券法》《合同法》对并购重组交易进行了基本的法律规范，发改委、证监会、财政部、商务部、国家工商总局、国资委发布了很多部门规章、通知、命令，进一步规范并购重组行为，证券交易所、证券业协会、中国注册会计师协会也对并购重组行为有许多要求。特别是从2007年国际金融危机以来，并购重组对经济结构转型的作用已受到决策层的广泛关注，如国资委提出推动央企的并购重组，工信部在制定钢铁业兼并重组条例以求增加在国际市场上对铁矿石的定价权，等等。所有这些政策的制定，都需要科学评价企业并购重组的市场价值，因此正确评判并购重组市场的价值效应是企业、立法和监管者的并购重组工作的出发点和指导思想。首先，企业需要对此有清醒的认识，缺乏价值创造的并购重组而导致的盲目扩张可能侵蚀股东财富。其次，立法和监管者在政策制定、立法和监管时应采取何种态度应取决于对并购重组的价值效应做出的基本价值判断。如果发现某种类型的并购重组摧毁价值，则应在政策制定、立法和监管时加以限制；如果发现某些类型的并购能创造价值，则应在政策制定、立法和监管时加以支持；如果得出的结论是中性的，则政策制定也要采取中性原则。所以，对我国并购重组市场并购方价值效应的研究，对于政策制定具有理论和实际的双重应用价值。

国内外许多经济学家以各种方法对并购方和被并购方的绩效进行了实证检验。在这些研究中，尽管采用的样本以及测量的区间不一致，具体方法上也存在一些差异，但都得出了一个相似的结论，即被并购方公司股东总是并购活动的绝对赢家，不同的仅是收益的多少而已。大量的研究表明并购重组中目标企业股东收益一般都相当可观。一般来说，目标公司股东的累积超额收益率（CAR）为20%~30%。Mulherin与Boone（2000）的研究表明为21.2%，Huston等（2001）的研究结果为15.58%。Kuipers，Miller和Patel（2003）研究了1982~1991年181宗外国收购者收购美国目标企业的样本，结果发现带来了23.07%的累积超额收益率。Jensen和Ruback（1983）在总结13篇研究文献的研究成果后指出，成功的兼并会给目标公司（Target Firms）股东带来约20%的累积超额收益率，而成功的收购给目标公司股东带来的累积超额收益率则达到30%。Schwert（1996）研究了1975~1991年1814个并购事件后得出，事件窗内目标公司股东的累积超额收益率为35%。

实证研究争论的焦点集中在并购方公司股东能不能从并购活动中获利。有关并购方公司股东权益的研究结果就不太一致。一些研究表明收益为负，这种现象被称为"赢者的诅咒"，还有一些研究正负都不显著。即使一些研究表明收益为正，但正的超额收益却很低。如 Jensen 和 Ruback

（1983）指出，在成功的并购活动中，并购方公司股东约有 4% 的超额收益率。Schwert（1996）的研究则显示并购方公司股东超额收益率与 0 没有显著差异。国内学者对并购重组对并购方公司股东的价值效应问题也在尝试展开研究。张新（2003）的研究表明，并购重组对并购方公司产生了一定的负面影响，并购重组动机主要是出于价值转移和再分配目的。陈信元和张田余（1999）研究 1997 年上市公司的并购活动后得出，并购公告前 10 天至公告日后 20 天内，并股方公司的累积超额收益率尽管有上升趋势，但统计检验结果与 0 没有显著差异。余光和杨荣（2000）研究沪深两地1993 ~ 1995 年的一些并购事件后则认为，并购方公司股东难以在并购中获利。李善民和陈玉罡（2002）对 1999 ~ 2000 年沪深两市 349 起并购事件进行了研究，发现并购方公司股东仅仅获得 2.88% 的累积超额收益率。李善民和朱涛（2005）采用长期事件研究法（BHAR），对我国沪深两市的 1672 起并购事件进行了实证研究，结果表明：大多数并购方公司股东在并购后 1 ~ 3 年遭受了显著的财富损失；混合并购和同行业并购的并购方公司股东长期内均遭受了显著的财富损失。王晓萌（2008）文章采用事件研究法，对 2001 ~ 2002 年我国沪市上市公司股权收购公告的长期绩效进行了实证研究，发现公告后 18 个月内并购方公司股东遭受了持续的损失。田满文（2009）利用改进的 DEA 模型进行分析后发现：2001 年以来，并购市场的效率在稳步提高，2005 年以后更为显著。Wei-guo Xiao 和 Ming Li（2008）对美国最大的五家商业银行以及中国四大商业银行的并购重组行为进行了对比验证，结果发现，并购重组对中国的银行的效率的影响要大于美国，非市场导向的并购重组行为给并购方公司股东带来了负面影响和负担。

第二节　研究方法

本章对并购重组战略的价值效应的评估以沪深股市的数据为基础，采用事件研究法来进行研究。事件研究法是通过研究市场对并购事件的反应来判断并购的效率，通过计算并购事件公告前后的一段时间内并购方公司股东和目标公司股东是否存在累积超额收益来判断并购带给公司的是损失还是收益，其中累积超额收益率法（CAR 研究法）是通过股票的价格的比较来计算的。CAR 研究法是法码、费雪、詹森和罗尔在发表于 1969 年 2 月《国际经济学评论》上的《股票价格对新信息调整》一文里所提出的一种后来被学术界广泛采用的研究方法。经济学家认为："CAR 研究法是个真正的创新——理论基础严谨而完善，操作成本低并且能够避免由于假设那些干扰并购影响的事后研究的其他因素保持不变而带来的问题。这是个既好又便宜的技术，自然应该在学界占据主导地位。"由于 CAR 法具有突出的优点，所以对于公司并购战略的计量研究主要采用该方法进行。

事件研究法的基本设想是：在理性的金融市场上，一个事件的影响会迅速反映到股票价格中，事件的影响可以通过股票价格在短期内的变化来衡量。在实际中如果直接采用平均收益率和股价变化来衡量事件对公司业绩的影响是不够合理的，因为公司股价的变化可能并不是事件本身引起的，可能是市场大盘升降带动引起的。要科学衡量事件对公司的影响就要剔除这些因素。通常采用累积超额收益率指标来衡量，这种方法将事件发布前后某段时期（事件窗）内公司实际收益 R 与假定无事件影响的那段时期内公司正常收益率 $E(R)$

进行对比，得出超额收益率 AR，即 $AR = R - E(R)$。在我国上市公司进行的兼并重组很可能是只进行财务报表式的重组，而资产质量并没有明显提高，如果用财务指标来衡量公司兼并重组的业绩可能会得出与事实相反的结论。但股价是有前瞻性的，一旦市场意识到企业的兼并重组是粉饰报表、利用关联交易提高利润的重组，该股票的价格是不太可能上涨的，投资者会调低对公司价值的预期。所以采用事件研究法分析上市公司兼并重组的绩效具有一定的现实意义。就研究步骤而言，事件研究法并没有唯一的结构，但一般包括事件定义、公式选择准则、正常收益率、超常收益率、估计程序、经验结果解释和结论等。

一　样本选择

本章主要借助《中国企业并购年鉴》获得有关国内 A 股上市公司兼并重组的初步数据资料，如并购公告日等。我们选取了 2009~2010 年上市公司（简称为并购方）针对其他企业发生的兼并收购活动研究样本 53 个，其中上海 A 股 35 家，深圳 A 股 11 家，中小板 7 家。并购方股票价格数据借助国信金太阳网上交易专业版的股价数据库直接导出得到，兼并事件观测窗口内的股票价格时间序列按照证券交易日进行计算。为了研究的科学性和严密性，对这些样本进行了逐一筛选剔除，力求得到纯粹的兼并事件样本。剔除过程为：首先剔除关联交易的并购行为，因为关联交易大部分是非市场化行为，很难与国外研究成果进行比较分析；其次只考虑交易股权比例大于 5%（国际经验）的兼并事件。经过上面的过程，最终得到并购方研究样本 53 个，基本涵盖了各行各业，从样本来看，应该具有代表性（见表 3 - 1）。

表 3 - 1　主并公司样本（2009 ~ 2010 年）

安琪酵母（600298）	澄星股份（600078）	大华股份（002236）	大秦铁路（601006）
大同煤业（601001）	东方创业（600278）	东方航空（600115）	东莞控股（000828）
福建南纸（600163）	广宇发展（000537）	国电南自（600268）	海王生物（000078）
合众思壮（002383）	恒顺醋业（600305）	洪都航空（600316）	华联股份（000882）
华联综超（600361）	吉电股份（000875）	建峰化工（000950）	金晶科技（600586）
金山股份（600396）	科达机电（600499）	美克股份（600337）	南京高科（600064）
南洋科技（002389）	濮耐股份（002225）	齐翔腾达（002408）	美克股份（600337）
日　照　港（600017）	三木集团（000632）	三普药业（600869）	厦工股份（600815）
山东海化（000822）	上工申贝（600843）	上海建工（600170）	上海九百（600838）
上海医药（601691）	天津松江（600225）	同德化工（002360）	万好万家（600576）
芜　湖　港（600575）	西安民生（000564）	新朋股份（002328）	亚星化学（600319）
一汽富维（600742）	银座股份（600858）	友好集团（600778）	中国联通（600050）
中国神华（601088）	中航地产（000043）	中银绒业（000982）	中远航运（600428）
紫金矿业（601899）			

二　计算步骤

选择研究窗口，将信息公布前后一段时期分成事前检验期和事后检验期。衡量一个"事件"对股票价值的影响通常有两步。

第一步，确定一个事件期。通常以并购事件公告日为中心，而公告日在事件期内被指定为第 0 天。确定事件期的目的是为了捕获该事件对股票价格的全部影响。较长的期间可以保证捕获到全部的影响，但容易受到资料中更多的不相干因素的干扰。期间较短可能使并购的信息没能充分反映到股价当中，而使结论缺乏可靠性。为保证研究的可靠性，我们研究选择的事件期为 - 60 天到 + 30 天，即从并购事件公告日前的 60 天到公告后的 30 天。

第二步，收集在上述时期内的股票价格和市场指数，计算各自的日收益率。基本公式为：

$$R_{i,t} = K_{i,t} + e_{i,t} \qquad (3-1)$$

其中，$R_{i,t}$ 为第 i 只兼并样本股票在 t 日的实际收益率，$K_{i,t}$ 表示正常或预期到的收益率，$e_{i,t}$ 表示未预期到的收益率，也称为超额收益率。计算 $K_{i,t}$ 通常有四种方法：市场模型、均值调整模型、市场调整模型和不变收益模型。由于样本选择的广泛性，这里采用市场调整模型既能节约成本，又不会导致模型的失效。更重要的是，它更深刻地刻画了超额收益的来源，即跑赢了大盘的收益。

另外，事件研究法如果在假设检验中 $e_{i,t}$ 与 0 无显著性差异，则说明某事件发生与否对收益率并没有什么影响。如果 $e_{i,t}$ 与 0 存在显著性差异，则可以进一步分析超额收益率是正还是负，并分析其原因。基本步骤如下。

（1）计算每只发生兼并的股票样本在观测区间 [−60，30] 内 t 日的实际收益率为：

$$R_{i,t} = \frac{P_{i,t}}{P_{i,t-1}} - 1 \qquad (3-2)$$

其中，$P_{i,t}$ 为第 i 只兼并样本股票在 t 日的收盘价，$i = 1，2，\cdots，n$（这里选取兼并事件正式公告日为观测区间的第 0 天）。

（2）计算股票指数在同一观测 t 日的实际收益率为：

$$K_{i,t} = \frac{IP_{i,t}}{IP_{i,t-1}} - 1 \qquad (3-3)$$

其中，$IP_{i,t}$ 表示 t 交易日股票收盘指数。由于我国深圳 A 股指数和上证 A 股指数高度相关，为了研究方便，这里统一采用上证指数作为股票收盘指数。

（3）计算 i 股票 t 交易日不同参照系下（剔除大盘指数）的超额收益率。剔除大盘后的超额收益率为：

$$e_{i,t} = AR_{i,t} = R_{i,t} - K_{i,t} \qquad (3-4)$$

（4）计算所有 n 种样本股票在 ［-60，30］时期内每日的平均超额收益率情况。第 t 日剔除大盘后的平均超额收益率为：

$$AAR_t = \frac{\sum_{i=1}^{n} AR_{i,t}}{n} \qquad (3-5)$$

（5）计算所有 n 种样本股票在特定时期内的累积超额收益率情况。第 t 日剔除大盘后的累积超额收益率为：

$$CAR_t = \sum_{t=-60}^{n} AAR_t \qquad (3-6)$$

本书选取的特定时期包括三个观测窗口期：兼并前的 ［-60，-31］和 ［-30，-1］反映兼并事件前的股价绩效，兼并后的 ［0，30］反映兼并事件后的股价绩效。

（6）根据累积超额收益率（CAR）的计算结果，针对其进行统计显著性检验。如果统计结果不显著，则认为股价波动是一种随机事件，兼并活动对股价没有显著影响；如果统计结果为显著，则认为兼并活动对股票波动有重大影响。由于是大样本，可以假定兼并事件对股价没有显著影响时的 AAR_t 和 CAR_t 服从均值为零的正态分布，进行统计检验。

原假设 H_0：$AAR_t = 0$ $CAR_t = 0$

检验统计量分别为：

$$t_{AAR} = \frac{AAR_t}{\dfrac{S(AAR_t)}{\sqrt{n}}} \qquad (3-7)$$

其中，$S^2(AAR_t) = \dfrac{1}{n-1} \sum\limits_{i=1}^{n} (AAR_{i,t} - AAR_t)^2$。

$$t_{CAR} = \dfrac{CAR_t}{\dfrac{S(CAR_t)}{\sqrt{n}}} \qquad (3-8)$$

其中，$S^2(CAR_t) = \dfrac{1}{n-1} \sum\limits_{i=1}^{n} (CAR_{i,t} - CAR_t)^2$。

在式（3-7）、式（3-8）中，$t = -60$，…，0，…，30。根据上述假设，如果事件发生对股价无影响，那么统计量 t_{AAR} 和 t_{CAR} 服从自由度为 $n-1$ 的 t 分布。给定显著性水平，就可以得到检验结果。

第三节　实证过程

为了更为细致地分析并购事件的影响，我们分三个阶段来分析平均超额收益率和累积超额收益率：第一个阶段为并购时间公告日前 60 天至前 31 天，即时间窗口为 [-60，-31]；第二个阶段为并购公告日前 30 天到前 1 天，即时间窗口为 [-30，-1]；第三个阶段为并购公告日后 30 天，即时间窗口为 [1，30]。并告公告日这一天（即 $t = 0$）比较特别，这里把它单独列出来分析。

（1）第一阶段分析。从表 3-2 可以看出，当 t 为 -60，-49，-46，-44，-36，-32 时，平均超额收益率为负，其他均为正。也就是说，只有 1/5 天数的平均超额收益率为负，其余 4/5 天数的平均超额收益率为正。从累积超额收益率来看，在这 30 天的时间里（不含休息日），累积超额收益率接近 6%。可能的解释是，并购的内部消息已经在小范围内传播，而绝大部分内部人对并购持乐观态度，并且认为将对并购方产生正的协同效应。协同效应的来源或者是成本的降低，或者是销售渠道的共享，或者是技术的改进。

表 3－2　主并公司第一阶段的平均超额收益率和累积超额收益率

单位：%

天	AAR_1	CAR_1	天	AAR_1	CAR_1	天	AAR_1	CAR_1
-60	-0.18	-0.18	-50	0.06	2.28	-40	0.57	4.13
-59	0.17	-0.01	-49	-0.39	1.89	-39	0.54	4.67
-58	0.11	0.10	-48	0.86	2.75	-38	0.48	5.15
-57	0.13	0.22	-47	0.17	2.92	-37	0.24	5.39
-56	0.91	1.13	-46	-0.04	2.88	-36	-0.27	5.12
-55	0.10	1.23	-45	0.09	2.97	-35	0.31	5.43
-54	0.18	1.42	-44	-0.08	2.89	-34	-0.16	5.27
-53	0.34	1.75	-43	0.07	2.97	-33	0.20	5.47
-52	0.19	1.95	-42	0.21	3.18	-32	-0.04	5.43
-51	0.28	2.22	-41	0.38	3.56	-31	0.45	5.88

（2）第二阶段分析。从表 3－3 可以看出，在 [－30，－1] 窗口期，有 13/30 天数的平均超额收益率为负，即近一半天数的平均超额收益率为负。和第一阶段绝大部分天数收益率为正相比，表明其变化幅度大幅上升，这一点从 AAR_1、AAR_2（AAR_2 的标准差几乎为 AAR_1 的标准差的 2 倍）标准差的差别可以看得更为清楚。虽然第一阶段比第二阶段收益率的变化幅度更大（意味着风险更大），但每天超额收益率的平均值却和第一阶段非常接近，导致这一段时期的累积超额收益率同样接近 6%，和第一阶段的后期相似。

表 3-3 主并公司第二阶段的平均超额收益率和累积超额收益率

单位：%

天	AAR_2	CAR_2	天	AAR_2	CAR_2	天	AAR_2	CAR_2
-30	0.23	6.11	-20	-0.18	6.83	-10	-0.52	8.77
-29	-0.73	5.38	-19	0.09	6.93	-9	0.25	9.03
-28	-0.12	5.26	-18	-0.46	6.46	-8	-0.02	9.01
-27	0.37	5.62	-17	0.74	7.21	-7	0.59	9.59
-26	1.20	6.82	-16	-0.33	6.88	-6	0.26	9.85
-25	-0.33	6.49	-15	1.42	8.30	-5	-0.06	9.79
-24	0.15	6.64	-14	1.18	9.47	-4	0.35	10.14
-23	0.11	6.75	-13	-0.05	9.42	-3	0.35	10.49
-22	0.16	6.91	-12	-0.18	9.24	-2	0.28	10.77
-21	0.11	7.01	-11	0.05	9.30	-1	1.14	11.92

在并购公告日当天，平均超额收益率为 1.23%，表明大多数并购方公司股东对并购活动表示认可。并购重组前较高的累积超额收益率和并购日当天较低的累积超额收益率相比，说明一个事实：并购重组的大部分溢价效应在并购重组前已经释放。表明我国的并购重组市场存在着严重的内部人控制（即所谓的消息市），内部人和得到信息的各种利益相关方由于能够提前掌握相关信息，他们可以通过各种途径低价提前买进股票，获取并购重组的好处。

（3）第三阶段分析。在并购公告日之后，就到了第三阶段 [1，30] 窗口期。从表 3-4 可以看出，第三阶段每天的平均超额收益率急剧下降，只有第一和第二阶段的大约1/4，但大多数天数的平均超额收益率仍然为正，而且变化幅度（标准差）低于第二阶段，但高于第一阶段。[1，30]

窗口期累积超额收益率大约为 2%，说明并购后大多数并购方公司股东仍然看好公司并购后的前景。

表 3 - 4 主并公司第三阶段的平均超额收益率和累积超额收益率

单位：%

天	AAR_3	CAR_3	天	AAR_3	CAR_3	天	AAR_3	CAR_3
1	-0.94	12.20	11	-0.63	12.43	21	-0.02	14.25
2	0.46	12.66	12	0.06	12.48	22	0.19	14.44
3	-0.37	12.30	13	0.61	13.09	23	-0.45	13.99
4	1.05	13.35	14	0.09	13.18	24	0.13	14.12
5	0.03	13.38	15	0.42	13.61	25	-0.11	14.01
6	-0.18	13.20	16	-0.18	13.43	26	0.11	14.12
7	0.17	13.37	17	0.19	13.61	27	-0.12	14.00
8	-0.20	13.17	18	0.57	14.18	28	0.38	14.38
9	0.65	13.11	19	0.10	14.28	29	-0.01	14.36
10	-0.06	13.05	20	-0.01	14.27	30	-0.15	14.21

值得关注的是，并购公告日前 60 天的累积超额收益率达到 12%，而后 30 天的累积超额收益率仅仅为 2% 多一点。这表明，虽然并购重组能够改进绩效，但对绩效好处的分配确实是极其不公平的。严重的泄密情况确实存在，股市交易的环境仍然极端恶劣。如果能够提前获得并购重组的内幕消息，就能够在短时间内获得惊人利润。这种不劳而获的分配客观上造成了内幕消息的盛行。在我们的计算中特别发现，如果能够提前获得房地产行业、医药行业并购重组的内幕消息，利润率将非常惊人，尤其是总资本额不大的股份公司。对于股本额非常大的大公司，其 91 天累积超额收益率反而不高，尤其是与资源开采相关的行

业，甚至出现累积超额收益率为负的情况。这也间接说明，人们对以政府和大型国有企业为主的并购并不看好。一个可能的原因是，非市场导向的并购存在太多利益相关人侵蚀利润的情况，很容易导致并购后的企业背上更为沉重的包袱，如要拿出部分利润来解决被并企业退休职工的养老等。

主并公司平均超额收益率和累积超额收益率在 [-60，30] 的变化见图3-1、图3-2。

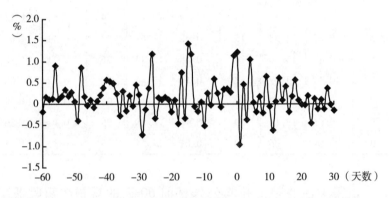

图3-1　主并公司平均超额收益率在 [-60，30] 的变化

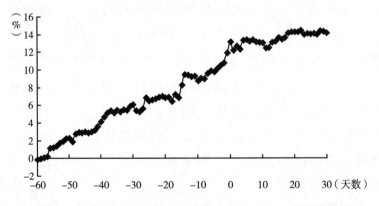

图3-2　主并公司累积超额收益率在 [-60，30] 的变化

第四节　研究结论及启示

实证结论表明，我国2009～2010年并购方公司股东在并购前后91天的时间里获得的累积超额收益率达到14.21%，并且经统计检验，显著不等于0，说明确实存在着累积超额收益率，这和早期的研究结果大不相同，至少在某种程度上颠覆了早期研究结果。因为在2008年之前的大多数研究中，基本上揭示了并购方公司股东的收益率大多数为负，即使为正，也是与0并无显著差别，或者是正的收益非常低。但这里关于2009～2010年有代表性的研究案例却表明，并购方公司股东同样获得了巨大的超额收益，结合前面所述目标公司股东一般都从并购重组中获益的研究结果，充分表明了并购达成了双赢的结果。这至少表明，在这两年，国家在关于并购重组方面出台了大量的政策措施，包括财政的、税收的以及产业政策的措施，以促进产业重组、结构调整及竞争力提高。我们的研究结果表明，这种政策至少从总体的角度来说是卓有成效的，也是值得赞扬的，说明我们的经济部门在这方面做了许多有效的工作。在早期的大多数研究中，并购方公司股东收益为负的原因之一是并购经常是一种负和博弈，并没有真正产生有效的协同效应，很多时候仅仅是一种财务重组。这与当时的股市的投机性和泡沫过大有关系，当时许多企业上市的目的是为了圈钱。但随着股权分置改革的进行以及股市的不断扩容，股市的圈钱功能不断减弱，股市越来越成为一个效率市场，反而促进了并购方公司绩效的提高。这实际上证实了下述论点：2001年以来，并购市场的效率在稳步提高，2005年以后更为显著，尤其是 2009 年和 2010 年，并购市场在整个国民经济的结构调整中起着越来越重要的作用。既然并购重组市场的效率在稳步提高，就需要国家在制定各项政策的时候，积极鼓励并购重组，努力进一步消除并购重组的体制障碍，尤其是跨部门、跨地区的障碍，促进国民经济效率的提升。尤其是在经济发展减速的今天，如何通过并购重组来促进经济的转型和快速、健康发展，更是题中应有之义。

虽然股市的并购重组改善了上市公司整体的效率，但并购重组的好处主要集中在并购重组公告日前 60 天，表明获取并购重组好处的主要手段是靠内幕消息，内幕消息成为股市的"毒瘤"，如何防范内幕消息，加强对内幕消息泄密人和股市操纵的打击力度，成为未来改善并购重组效率的主要任务之一。

主要参考文献

[1] 陈玉罡、李善民：《并购中主并公司的可预测性——基于交易成本视角的研究》，《经济研究》2007 年第 4 期。

[2] 方明月：《资产专用性、融资能力与企业并购——来自中国 A 股工业上市公司的经验证据》，《金融研究》2011 年第 5 期。

[3] 李善民、陈玉罡：《上市公司兼并与并购的财富效应》，《经济研究》2002 年第 11 期。

[4] 李善民、朱涛：《管理者动机与并购绩效研究》，《经济管理》2005 年第 5 期。

[5] 于开乐、王铁民：《基于并购的开放式创新对企业自主创新的影响——南汽并购罗孚经验及一般启示》，《管理世界》2008 年第 4 期。

［6］ 张新：《并购重组是否创造价值——中国证券市场的理论与实证研究》，《经济研究》2003 年第 6 期。

［7］ 张学平：《外资并购绩效的实证研究》，《管理世界》2008 年第 10 期。

［8］ Mulherin, J. H. , A. L. Boone, "Comparing Acquisitions and Divestitures", *Journal of Corporate Finance*, 6, 2000, pp. 88 – 97.

［9］ Houston, J. , C. James, M. Ryngaert, "Where do Merger Gains come from? Bank Mergers from the Perspective of Insiders and Outsiders", *Journal of Financial Economics*, 60, No. 2/3, May/June 2001, pp. 285 – 331.

［10］ Jenson, M. C. , R. S. Ruback, "The Market for Company Control: The Scientific Evidence", *Journal of Financial Economics*, 11, 1983, pp. 5 – 50.

［11］ Schwert, G. W. , "Markup Pricing in Mergers and Acquisitions", *Journal of Financial Economics*, 41, No. 2, June 1996, pp. 153 – 162.

［12］ Phalippou and Gottschalg, "The Performance of Private Equity Funds", *The Review of Financial Studies*, 2009, 22 (4), pp. 1747 – 1776.

第二篇　行业分析

第四章
中国煤炭行业主并公司
价值效应分析

　　截至 2012 年底，政府主导下的煤炭行业的并购重组在过去八年中产生了良好的社会效益，但经济效益仍有很大的改善余地。通过对 2009～2012 年有代表性的煤炭行业的 15 家并购方公司股东的收益率的研究发现，在并购前后 91 天的时间内，并购方公司股东获得了 2.82% 的超额收益率。这表明，煤炭企业的并购事件对并购方公司股东的价值效应为正，但和同时期的其他行业相比，其价值效应明显要低很多。

　　2004 年前后，为治理煤矿生产及重整行业格局，一些煤炭大省拉开了兼并重组的大幕。自此以后，煤炭行业的并购重组可谓风起云涌、波澜壮阔，煤矿"多、小、散、乱"的产业格局发生了根本性转变。国家发改委在《煤炭工业发展"十一五"规划》中提出，煤炭开发以"整合为主，新建为辅"。5 年后，国家能源局在《煤炭工业发展"十二五"规划》中再次强调，要推进煤矿企业兼并重组，发展大型企业集团，到 2015 年形成 10 个亿吨级、10 个 5000 万吨级大型煤炭企业，煤炭产量占全国的 60% 以上。煤炭行业兼并重组已见成效，尤其是安全生产方面。据统计，中国煤矿百万吨死亡率已由 2002 年的 4.94 降至 2011 年的 0.564，下降 88.6%。

第一节　煤炭行业并购研究背景和文献综述

近年来，在国家政策的引导支持之下，全国各地积极推动煤炭行业的整合重组工作，掀起了煤炭企业并购重组的热潮。2012 年发布的《煤炭工业发展"十二五"规划》，进一步提出要大力推进煤炭企业兼并重组，淘汰落后产能，发展大型企业集团，提高产业集中度，提升安全保障能力，有序开发利用煤炭资源，有效保护矿区生态环境。通过兼并重组，使全国煤矿企业数量控制在 4000 家以内，平均规模达到 100 万吨/年以上。如此多煤炭企业都在进行并购重组，对其价值效应进行综合分析，不仅具有现实意义，更具有理论和实际应用价值。煤炭产业是我国国民经济的支柱产业，在保障国家能源安全、促进经济社会发展等方面具有无可替代的战略地位。近年来，国家出台了一系列政策措施推进煤炭企业兼并重组，目的在于改进企业效率，提高煤炭产业集中度，解决安全事故频发以及生态环境污染等随之而来的外部负效应。

在推进兼并重组的各项政策措施下，全国煤矿数量由 2005 年的 2.48 万处减少到目前的 1.4 万处左右。自 2009 年起，山西、河南、陕西、内蒙古等煤炭资源大省相继进行煤炭资源重组，截至 2010 年 6 月，陕西省的煤炭企业数量由 550 家减少到 120 家以内，而 2011 年河南省全省煤炭企业数量由原来的 530 家减少到 30 家，六大骨干煤炭企业产量达到全省总产量的 86.9%。最早的煤炭整合省份山西，截至 2011 年，煤炭企业已经整合至 130 家，整合完成后，70% 的煤炭资源将集中于中央以及地方大型国有煤炭企业，30% 的煤炭资源属于大型私营煤企。煤炭行业是具有明显的规模经济的部门，其开采成本较高，通过兼并重组，可以扩大企业规模，实现规模经济，降低产品成本，提高单位产品利润率。煤炭企业的产品差异不大，竞争激烈，通过并购，有利于整合企业资源，增加资金投入，提高开采工艺和科技化水平，减少资源浪费。

煤炭行业是我国的高危行业，煤矿事故从发生次数和事故后果的严重程度来说，都是安全生产必须重视的因素。据不完全统计，2002～2009 年，我国每年死于煤炭事故的人数在 2600～7000 人，约占世界煤矿死亡人数的 70%。2012 年前三季度，全国煤矿共发生事故 626 起、死亡 1106 人，同比减少 298 起、345 人，分别下降 32.3% 和 23.8%，虽然整体呈逐渐下降趋势，但安全形势依然很严峻。小型煤矿是安全事故的多发区，其资金能力不足，基础比较弱，对设备的投入落后，安全系数不够，并且在事故发生前后的处理不够及时有力，导致事故频发。而且小型煤矿集约化程度比较低，在开采时一般不会兼顾社会的需求，造成了一定程度上的浪费。大型企业在安全保障方面的资金投入和技术水平都比较高，对于事故的前、中、后期监控和处理也有一套较为完整的程序。为了解决此类问题，政府近年来大力支持煤炭企业重组，以期实现产业结构优化，提高资源配置效率，培育出具有全球竞争力的煤炭企业集团。但同时社会上也出现了一些反对的声音，认为煤炭企业的并购导致了"国进民退"，即国有煤炭企业并购民营煤炭企业，民营经济地位受到威胁。在煤炭行业的并购中，由实力强大的企业收购较为弱小的中小型企业是很常见的形式之一。国有大型煤炭企业由国家控股，资金充足，实力雄厚，技术水平较高，相比之下，民营小型煤矿资金和技术水平都有所欠缺，因此国有企业兼并收购民营企业就成为普遍的现象。但这样造成了一大批民营企业主动或被动退出市场，众多山西本地民营煤企老板和到山西投资煤矿的江浙一带的商人利益都或多或少地受到损失。另外，国有企业有其固有的缺点，产权不明晰，目标多元化，效率并不显著高于民营企业。而且现在的企业并购重组很多只是财务方面的合并，在企业文化经营理念等方面都存在较大差异，需要长时间的融合，并购结果不一定能尽如人意，达到预期的目标和利润。

并购能否给企业带来较高的回报，是利大于弊还是弊大于利，国内外众多学者对此进行了众多研究。麦肯锡公司曾对《财富》500 强和《金融时报》250 强的大企业在 1998年以前进行的 116 项收购案例做过统计，其中并购比较成功获得较大收益的只有 23%，无法收回成本的达到 61%。庞晓波、余燕妮（2012）基于面板协整理论分析了企业并购绩效的微观因素，认为净资产赢利能力较强和资产规模大更利于促进企业并购绩效。而在煤炭企业的实证研究中，大部分学者都认为投资者可以获得显著为正的累积超额收益率。郭凯、刘海风（2010）运用 DEA 方法，以 2008 年和 2009年发生并购重组的我国煤炭行业上市公司为样本，对纵向数据进行比较，得出并购重组后整体绩效提升显著。郭保民、刘巍（2011）研究了2004～2009年中国煤炭行业上市公司并购中小型煤炭企业的19个样本数据，运用事件分析法得出投资者对并购事件给予积极的评价，认为并购能够提升资源配置效率，并购重组给股东收益带来了积极的影响。

第二节　实证过程

本章对煤炭行业并购重组战略价值效应的评估以沪深股市的数据为基础，采用事件研究法来进行研究。

本章选取了2009～2012年煤炭行业上市公司针对其他企业发生的兼并收购活动研究样本15个，其中沪市A股10家，深市A股5家（见表4－1）。各项数据借助国泰安CSMAR财经系列研究数据库直接导出得到。为了研究的科学性和严密性，对这些样本进行了逐一筛选剔除。

表4－1　煤炭行业主并公司样本（2009～2012年）

中国神华(601088)	西山煤电(000983)	兖州煤业(600188)	上海能源(600508)
煤　气　化(000968)	露天煤业(002128)	兰花科创(600123)	开滦股份(600997)
恒源煤电(600971)	冀中能源(000937)	国阳新能(600348)	昊华能源(601101)
神火股份(000933)	大同煤业(601001)	中煤能源(601898)	

（1）第一阶段分析。从表4－2可以看出，在［－60，－31］窗口期，有16/30天数的平均超额收益率为负值，且波动较大，而累积超额收益率一直在0附近，最高也不超过2%，最终只有－0.33%，且有继续下降的趋势。说明在此阶段，虽然并购的内部消息已经被一定范围内的人员所知

晓，但大多数人员还是持观望态度，认为此项并购能否达到
预期效率目标还是未知数。

表 4 - 2　煤炭行业第一阶段的平均超额收益率和累积超额收益率

单位：%

天	AAR_1	CAR_1	天	AAR_1	CAR_1	天	AAR_1	CAR_1
-60	0.13	0.13	-50	-0.58	0.07	-40	0.09	1.14
-59	1.02	1.15	-49	-0.10	-0.02	-39	-0.86	0.28
-58	-0.14	1.01	-48	0.22	0.19	-38	-0.38	-0.10
-57	0.09	1.10	-47	-0.19	0.01	-37	-0.22	-0.32
-56	-0.10	1.00	-46	-0.17	-0.16	-36	-0.08	-0.40
-55	0.74	1.74	-45	0.25	0.09	-35	0.19	-0.22
-54	0.21	1.94	-44	0.53	0.62	-34	-0.32	-0.54
-53	-0.30	1.64	-43	-0.18	0.43	-33	0.70	0.16
-52	-0.49	1.16	-42	0.39	0.83	-32	-0.67	-0.51
-51	-0.50	0.66	-41	0.22	1.05	-31	0.17	-0.33

（2）第二阶段分析。从表 4 - 3 可以看出，在 [-30,
-1] 窗口期，有 17/30 天数的平均超额收益率为负值，即
有一半以上的天数为负，比第一阶段略有增加。标准差相差
不大，表明第二阶段平均超额收益率的变化幅度与第一阶段
相比并没有太大变化。但此阶段的累积超额收益率全部为负
值，一直在 [-3，0] 之间波动，虽然临近并购的五天内
稍有上升，但仍为负值，最终为 -1.85%，在 [-30，
-1] 窗口期内下降了 0.8%，说明投资者在这期间也并不
太看好煤炭企业的并购事项。可能是由于并购将要发生，但
内部员工和原持有者存在一定的抵触情绪，股东怀疑并购后
能否获得高绩效，致使无法达到市场平均收益。

表 4 - 3 煤炭行业第二阶段的平均超额收益率和累积超额收益率

单位：%

天	AAR_2	CAR_2	天	AAR_2	CAR_2	天	AAR_2	CAR_2
-30	-0.72	-1.05	-20	0.22	-1.84%	-10	-0.31	-1.69
-29	-0.08	-1.14	-19	0.34	-1.50%	-9	0.22	-1.47
-28	-0.58	-1.71	-18	-0.03	-1.53%	-8	-0.39	-1.86
-27	-0.22	-1.93	-17	0.03	-1.50%	-7	-0.26	-2.12
-26	-0.50	-2.44	-16	-0.29	-1.80%	-6	-0.43	-2.55
-25	0.11	-2.33	-15	0.47	-1.33%	-5	0.00	-2.55
-24	0.52	-1.81	-14	0.90	-0.43%	-4	0.10	-2.45
-23	-0.70	-2.51	-13	-0.38	-0.80%	-3	0.21	-2.24
-22	-0.15	-2.65	-12	-0.38	-1.19%	-2	-0.23	-2.48
-21	0.60	-2.05	-11	-0.18	-1.37%	-1	0.62	-1.85

在并购公告日当天，平均超额收益率为 0.56%，表明并购方公司股东不是特别排斥并购事项，但只会稍微获益。

（3）第三阶段分析。从表 4 - 4 可以看出，在 [1, 30] 窗口期，有 13/30 天数的平均超额收益率为负值，比上两个阶段的天数都少，但此阶段波动幅度较大，标准差大于前两个阶段，在前 19 天里只有 5 天的平均超额收益率为负值，但之后 11 天里有 8 天为负值。而累积超额收益率也逐渐由负变正，在第 19 天达到最大后又开始有所下降，最终只有 2.82%，并不显著大于 0。说明虽然在并购日后一段时间内收益率还可以，但此收益能否维持还不确定，并购方公司股东在合并日后并不很看好公司并购后的发展，并购后的收益很难达到预期水平。

表4-4　煤炭行业第三阶段的平均超额收益率和累积超额收益率

单位：%

天	AAR_3	CAR_3	天	AAR_3	CAR_3	天	AAR_3	CAR_3
1	-0.19	-1.49	11	0.17	-0.58	21	-0.68	4.06
2	0.25	-1.23	12	1.39	0.81	22	-0.09	3.97
3	-0.33	-1.56	13	1.25	2.06	23	-0.23	3.74
4	-0.74	-2.30	14	0.47	2.53	24	0.24	3.98
5	0.51	-1.79	15	0.26	2.78	25	-0.93	3.05
6	0.26	-1.52	16	-0.03	2.75	26	0.64	3.69
7	0.19	-1.33	17	0.29	3.04	27	-0.36	3.33
8	0.38	-0.95	18	0.62	3.66	28	-0.64	2.69
9	-0.08	-1.04	19	1.09	4.76	29	-0.02	2.67
10	0.28	-0.76	20	-0.01	4.75	30	0.15	2.82

　　煤炭行业平均超额收益率和累积超额收益率在 [-60, 30] 的变化见图4-1、图4-2。

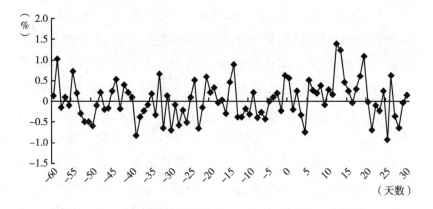

图4-1　煤炭行业平均超额收益率在 [-60, 30] 的变化

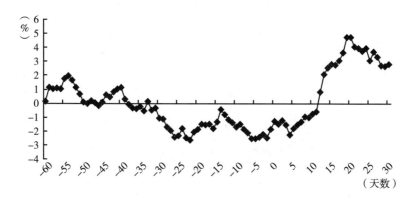

图 4－2　煤炭行业累积超额收益率在 [－60，30] 的变化

（4）和同时期各行业并购平均超额收益率和累积超额收益率的比较。从图 4－3 可以看出，在并购日后，各行业综合平均超额收益率波动幅度逐渐减小，而煤炭行业在并购日后的波动还是比较大的。从图 4－4 可以看出，同时期各行业综合累积超额收益率在 [－60，30] 窗口期内呈逐渐上升趋势，最终达到 14.21%，说明并购后大多数并购方公

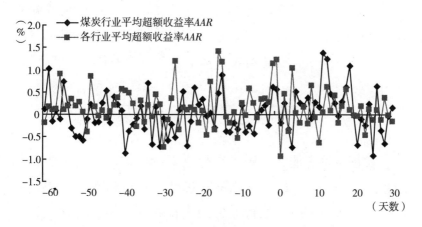

图 4－3　煤炭行业和同时期各行业的平均超额

收益率在 [－60，30] 的变化比较

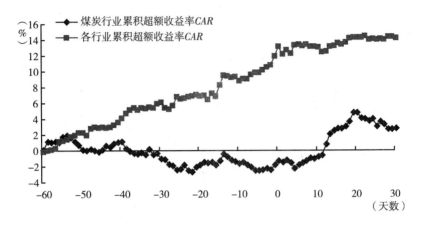

图 4-4　煤炭行业和同时期各行业的累积超额
收益率在［-60，30］的变化比较

司股东比较看好公司并购后的前景，能够获得较大的超额收益，然而煤炭行业的累积超额收益率在并购公告日前期一直在 0 附近波动，在［-32，11］窗口期内均为负值，在［12，30］窗口期内虽然已增长为正值，但比率仍较小，在第 20 天后又开始有稍微下降的趋势，最终为 2.82%。这说明煤炭行业的并购重组与同时期各行业公司并购后的总体上升趋势不符，并未达到令人满意的收益水平，合并效果并不显著有利。

第三节　研究结论及启示

实证结论表明，我国煤炭行业 2009～2012 年并购方公司股东在并购前后 91 天的时间里获得的累积超额收益率只有 2.82%，和同时期其他行业并购事件相比，累积超额收益率相对较低，说明投资者对于煤炭行业并购重组事项并没有给予太高的积极评价，该行业的并购并没有达到实现利润超额增长的预期目标。煤炭企业并购重组并未达到预期效果的原因主要有以下几点。一是各方利益不同。小型企业主注重并购后自己的个人收益，员工则更关心并购后能否继续工作，这样必然导致并购时小型企业的原持有人和员工有一定的抵触情绪，与母公司有隔阂。二是企业文化不同。不同企业都有自己的经营理念，合并后很长一段时间内并购企业的管理方式可能很难得到被并购企业的认同，这些无形资产的融合需要时间。三是国有企业固有的弊端。员工责任心不足、积极性不高，造成整个企业的凝聚力不足，经济效益难以提升。

总而言之，煤炭行业并购虽然能在一定程度上减少安全事故发生的次数和严重程度，但并购事件仅仅得到了股东的轻微认可，并购给股东的价值效应并没有得到显著提高。

主要参考文献

［1］郭凯、刘海风：《基于 DEA 的我国煤炭上市公司并购绩效研究》，《中国煤炭》2010 年第 6 期。

［2］刘巍：《煤炭上市公司并购重组市场效应的实证研究》，《区域金融研究》2011 年第 9 期。

［3］庞晓波、余燕妮：《基于面板协整理论分析企业并购绩效的微观因素》，《全国商情》（理论研究）2012 年第 14 期。

［4］史志斌、李轶民、陶志国：《关于我国煤炭企业兼并重组的思考》，《煤炭经济研究》2010 年第 7 期。

［5］张忠寿：《并购与煤炭产业发展——基于理论文献的研究》，《企业经济》2011 年第 11 期。

［6］Schwert, G. W., "Markup Pricing in Mergers and Acquisitions", *Journal of Financial Economics*, 41, No. 2, June 1996, pp. 153 – 162.

第五章
中国银行业主并公司
价值效应分析

　　截至 2012 年底，政府主导下的银行业的并购重组在过去 5 年中产生了良好的社会效益，但经济效益仍有很大的改善余地。对 2007～2012 年有代表性的银行业的 5 家企业股东收益率的研究表明，在并购前后 91 天的时间内，并购方公司股东获得了 −4.40% 的平均超额收益率。这表明，银行业的并购事件对主并公司股东的价值效应为负，和同时期的其他行业相比，其价值效应明显要低很多。

　　20 世纪 90 年代以来，国际银行业以前所未有的规模和速度展开跨国界、跨行业的并购浪潮，产生了像花旗银行、摩根大通银行和东京三菱银行这样的超级银行，推动着银行朝着业务全能化和服务全球化方向发展。1998 年末，国家开发银行、中国投资银行、中国光大银行的并购案例成为新中国的第一批银行并购，掀开了中国银行业并购的大幕。2006 年，中国建设银行股份有限公司以 97.1 亿港元收购美国银行旗下的香港零售银行子公司美国银行（亚洲），此项收购使得建设银行能够满足中国内地、香港和澳门客户的需求，大大提升建设银行在香港市场的地位。2006年花旗银行等与广发银行签约，用242.67亿元买入广发银行85%的股权，当年花旗集团以1万亿美元的资产在《福布斯》杂志公布的全球企业2000强中排名第一。2010年中国平安收购深发展获得国务院批准，这也是目前国内最大的并购案。成功的并购会带来规模经济、范围经济和市场势力等良性效应，从而提升市场绩效。然而，国际权威机构所统计出来的20%~30%的并购成功率，让参与并购的银行思虑再三、望而却步。尤其是我国商业银行在并购市场上作为初学者，比发达国家起步要晚很多，面临着经验少且制度不健全等问题。目前我国通过银行业并购大规模整合金融资源的活动正在深入进行，对银行并购的效率进行研究已成为理论研究者和实践工作者探索的一个重要问题。因此，对我国银行业并购效率进行研究，考察银行并购重组前后的效率及其原因，进而制定出适合我国银行业发展特点的政策举措，不仅具有较高的学术价值，同时也具有重要的实践意义。

第一节　银行业并购研究背景和文献综述

2012年10月24日，国际评级机构标准普尔在北京发布《中国50大银行》报告指出，中国银行业在业务状况、风险调整后资本、融资和流动性方面的分化很大，而经济下滑对银行利润率和资本水平的削弱，将造成银行业两极分化。

单从这几年的赢利能力、资产质量指标来看，很多银行的差异并不大。而实际上，尽管不少小银行与大银行有同样的回报率，但在资产组合质量上却有很大的差异。小银行的高回报率是建立在信贷资产规模快速扩张的基础上，同时，贷款的行业集中度非常高，包括一些高风险行业，如房地产、基建项目等。随着利率市场化的推进，银行在创造非利息收入能力上的差距正在变大。其中，大型银行、多数全国性银行和一些区域性银行正快速实现收入基础的多元化，但一些全国性银行和多数区域性银行仍严重依赖公司银行业务的利息收入。这无疑加剧了银行业的两级化。与此同时，随着中国经济的放缓，银行业信用周期的下行，中国银行业或将迎来"市场主导型"的并购热潮。小银行"抱团取暖"，而大银行亦将利用这个机会并购弱小银行以增强市场地位。

此波"并购潮"与 21 世纪初那轮农信社并购重组不同，过去主要是"政府主导型"，而接下来出现的是"市场主导型"，即在市场压力与利益驱动下进行的商业性并购或重组。

而事实上，目前已有不少银行开始"抱团取暖"。例如，2012 年 5 月，民生银行、哈尔滨银行、包商银行等 33 家银行与非银行金融机构发起成立了区域性金融合作组织——"亚洲金融合作联盟"。这已经释放出一个信号，尽管现阶段的合作还只是在资金业务和风险缓释层面，但随着市场压力的增大，最终将会走向并购层面。

对于银行业的并购绩效，综合结果显示，并购为银行带来了股东价值的提升。尽管在并购公告日前股东价值呈现下降趋势，但在并购公告日后这种下降就得到了控制并且逐步回升。并购为银行带来的最大好处在于市场价值和未来发展能力的提高，因为并购行为一方面在市场上发出了有利于并购方的积极信号，投资者会提高对施并银行的评价，银行的市场价值变好；另一方面并购带来的合作和新的企业管理方式也为银行扩大规模和提高技术效率创造了条件。总体上，并购为银行带来了股东收益，尽管这种股东价值的增长从总和上并不明显，但从增速上看，未来的股东财富会得到提升。

白涛、任建军（2003）在对比了我国与国际银行业并购重组发展进程之后，总结出我国银行业自身并购重组的特征和存在的问题，从而提出适合我国银行业并购活动的发展路径，并指出我国银行业并购效率低下的主要原因是长期受到政府的行政干预，并非自发的市场行为。Ricardo Correa（2008）以1996~2003年发生的220起银行跨国并购为研究对象，发现跨国并购相对于本国并购，其并购绩效的提高在并购完成的两年后才能逐渐显现。

第二节 实证过程

本章对银行业并购重组战略的价值效应的评估以沪深股市的数据为基础，采用事件研究法来进行研究。

本章选取了2007~2012年银行业上市公司针对其他企业发生的兼并收购活动研究样本5个（见表5-1）。各项数据借助国泰安CSMAR财经系列研究数据库直接导出得到。为了研究的科学性和严密性，对这些样本进行了逐一筛选剔除。

表5-1 银行业主并公司样本（2007~2012年）

宁波银行（002142）	招商银行（600036）
兴业银行（601166）	工商银行（601398）
民生银行（600016）	

（1）第一阶段分析。从表 5 - 2 可以看出，在 ［-60，
-31］窗口期，有 19/30 天数的平均超额收益率为负值，最
高也不超过 1.27%，最终只有 - 0.47%。从累积超额收益
率来看，在这 30 天的时间里（不含休息日），除了 - 59 和
- 58 两天为正，其余均为负值，总体呈现明显的下降趋势，
直到 - 31 日，累积超额收益率为 - 6.06%，说明要约并购
事件对购买方股价有负面影响，股东不看好并购事件。

表 5 - 2　银行业第一阶段的平均超额收益率和累积超额收益率

单位：%

天	AAR_1	CAR_1	天	AAR_1	CAR_1	天	AAR_1	CAR_1
- 60	- 0.30	- 0.30	- 50	0.64	- 2.01	- 40	- 0.26	- 6.37
- 59	0.45	0.15	- 49	- 0.54	- 2.56	- 39	0.62	- 5.75
- 58	- 0.05	0.10	- 48	- 0.54	- 3.10	- 38	- 0.22	- 5.97
- 57	- 0.46	- 0.37	- 47	- 0.22	- 3.31	- 37	0.03	- 5.93
- 56	- 1.65	- 2.01	- 46	- 1.17	- 4.48	- 36	- 0.02	- 5.96
- 55	0.19	- 1.83	- 45	- 0.86	- 5.34	- 35	- 0.73	- 6.69
- 54	0.07	- 1.76	- 44	- 0.96	- 6.30	- 34	1.27	- 5.42
- 53	0.15	- 1.61	- 43	- 0.20	- 6.51	- 33	0.47	- 4.95
- 52	- 0.32	- 1.93	- 42	0.12	- 6.38	- 32	- 0.64	- 5.59
- 51	- 0.72	- 2.65	- 41	0.27	- 6.11	- 31	- 0.47	- 6.06

（2）第二阶段分析。从表 5 - 3 可以看出，在 ［-30，
-1］窗口期，有 18/30 天数的平均超额收益率为负值，即
有一半以上的天数为负，表明第二阶段平均超额收益率的变
化幅度与第一阶段相比并没有太大变化。在此阶段的累积超
额收益率全部为负值，最终为 - 6.31%。

在并购公告日当天，平均超额收益率为 - 0.08%，说明
投资者在这期间并不太看好银行业的并购事项。

表 5 - 3 银行业第二阶段的平均超额收益率和累积超额收益率

单位：%

天	AAR_2	CAR_2	天	AAR_2	CAR_2	天	AAR_2	CAR_2
- 30	0. 27	- 5. 78	- 20	- 0. 78	- 7. 11	- 10	0. 90	- 6. 52
- 29	- 0. 33	- 6. 11	- 19	- 0. 81	- 7. 92	- 9	2. 21	- 4. 31
- 28	- 0. 62	- 6. 73	- 18	0. 98	- 6. 94	- 8	- 0. 03	- 4. 34
- 27	- 0. 39	- 7. 12	- 17	- 0. 65	- 7. 58	- 7	0. 25	- 4. 09
- 26	- 0. 43	- 7. 55	- 16	- 0. 60	- 8. 18	- 6	0. 07	- 4. 02
- 25	- 0. 39	- 7. 94	- 15	- 0. 24	- 8. 43	- 5	- 0. 05	- 4. 07
- 24	1. 76	- 6. 18	- 14	0. 11	- 8. 32	- 4	- 0. 87	- 4. 94
- 23	- 0. 56	- 6. 74	- 13	0. 50	- 7. 82	- 3	- 0. 84	- 5. 78
- 22	- 0. 56	- 7. 30	- 12	0. 50	- 7. 33	- 2	0. 36	- 5. 42
- 21	0. 96	- 6. 34	- 11	- 0. 09	- 7. 42	- 1	- 0. 89	- 6. 31

（3）第三阶段分析。从表 5 - 4 可以看出，在 [1，30]
窗口期，有 11/30 天数的平均超额收益率为负值，比上两个
阶段的天数都少，但此阶段波动幅度较大，标准差大于前两

表 5 - 4 银行业第三阶段的平均超额收益率和累积超额收益率

单位：%

天	AAR_3	CAR_3	天	AAR_3	CAR_3	天	AAR_3	CAR_3
1	0. 10	- 6. 29	11	- 0. 28	- 3. 21	21	- 0. 48	- 3. 69
2	0. 64	- 5. 65	12	- 0. 51	- 3. 72	22	1. 44	- 2. 25
3	- 0. 79	- 6. 44	13	- 0. 36	- 4. 08	23	2. 43	0. 18
4	0. 01	- 6. 43	14	0. 26	- 3. 82	24	- 0. 89	- 0. 71
5	0. 03	- 6. 40	15	- 0. 27	- 4. 08	25	0. 51	- 0. 20
6	0. 59	- 5. 81	16	0. 20	- 3. 88	26	1. 35	1. 14
7	1. 89	- 3. 92	17	- 0. 02	- 3. 90	27	0. 83	1. 98
8	1. 07	- 2. 85	18	0. 57	- 3. 33	28	- 0. 38	1. 59
9	- 0. 25	- 3. 10	19	0. 70	- 2. 64	29	0. 59	2. 18
10	0. 18	- 2. 93	20	- 0. 57	- 3. 21	30	0. 76	2. 94

个阶段。而累积超额收益率也逐渐由负变正，并呈上升趋势，在第 30 天达到最大，最终为 2.94%，并不显著大于 0。说明虽然在并购日后一段时间内收益率还可以，但此收益能否维持还不确定，并购方公司股东在合并日后并不是很看好公司并购后的发展，并购后的收益很难达到预期水平。

银行业平均超额收益率和累积超额收益率在 [－60，30] 的变化见图 5－1、图 5－2。

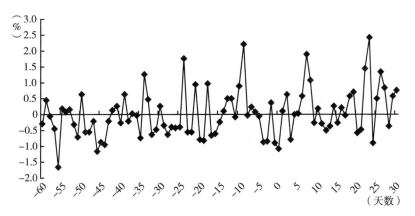

图 5－1　银行业平均超额收益率在 [－60，30] 的变化

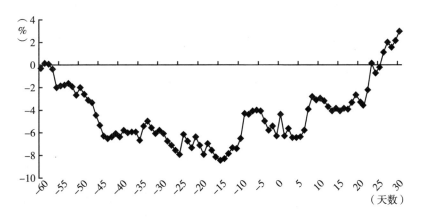

图 5－2　银行业累积超额收益率在 [－60，30] 的变化

（4）和同时期各行业并购平均超额收益率和累积超额收益率的比较。从图 5-3 可以看出，在并购日后，各行业综合平均超额收益率波动幅度逐渐减小，而银行业在并购日后的波动还是比较大的。从图 5-4 可以看出，同时期各行业综合累积超额收益率在 [-60, 30] 窗口期内呈逐渐上升趋势，最终达到 14.21%，说明并购后大多数并购方公司

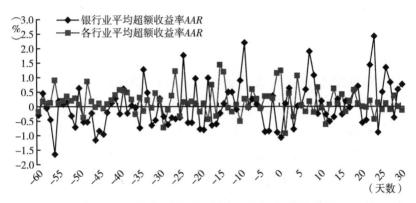

图 5-3　银行业和同时期各行业的平均超额
收益率 [-60, 30] 的变化比较

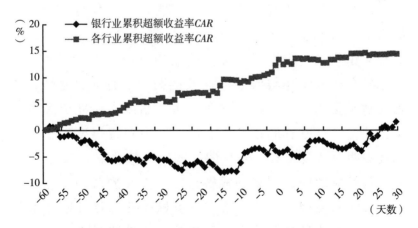

图 5-4　银行业和同时期各行业的累积超额
收益率在 [-60, 30] 的变化比较

股东比较看好公司并购后的前景，能够获得较大的超额收益，而银行业的累积超额收益率在并购公告日前期一直在 0 以下波动，在 ［－57，28］ 窗口期内均为负值，在 ［28，30］ 窗口期内虽然已增长为正值，但比例仍较小。这说明银行业的并购重组与公司并购后的总体上升趋势不符，并未达到令人满意的收益水平，合并效果并不显著有利。

第三节　研究结论及启示

实证结论表明，我国银行业 2007～2012 年并购方公司股东在并购前后 91 天的时间里获得的累积超额收益率和同时期其他行业并购事件相比较低，说明投资者对于银行业并购重组事项并没有给予太高的积极评价，该行业的并购并没有达到实现利润超额增长的预期目标。银行业并购重组未达到预期效果的原因主要有以下几点。一是各方利益不同。小型企业主注重并购后自己的个人收益，员工则更关心并购后能否继续工作，这样必然导致并购时小型企业的原持有人和员工有一定的抵触情绪，与母公司有隔阂。二是文化差异是决定银行业并购成功与否的重要因素。文化差异存在于兼并与收购所涉及的公司、行业、地域，体现为物质文化冲突、行为文化冲突、制度文化冲突和精神文化冲突，对所有股东都有影响。一项麦肯锡咨询公司的调查表明：从全球看，60% 的并购以失败告终，只有 24% 的并购是成功的，其余的成败难定，而并购后的文化冲突正是失败的关键诱因之一。三是并购企业与被并购企业处于信息不对称的地位。由于信息的不完全或者会计准则的不同，兼并与收购的成果是不确定的，或者与预期是有较大差异的。信息不对称包括会计报告的不可比、资产评估困难和缺乏透明性等。

主要参考文献

［1］ 白钦先、薛誉华：《百年全球金融业并购：历程、变迁及其效应》，《国际金融研究》2001 年第 7 期。

［2］ 白涛、任建军：《银行业并购重组的国际经验及我国银行业的并购重组》，《金融论坛》2003 年第 7 期。

［3］ 冯嗣全、欧阳令南：《银行跨国战略联盟：基于价值链的分析框架》，《当代经济科学》2003 年第 5 期。

［4］ 葛兆强：《银行并购、商业银行成长与我国银行业发展》，《国际金融研究》2005 年第 2 期。

［5］ 郭红珍、黄文杰：《2003 年以来亚太银行业的发展动态》，《国际金融研究》2004 年第 9 期。

［6］ 晏正君：《近年来德国银行业损益变动分析》，《国际金融研究》2001 年第 7 期。

［7］ 张瑞兵、葛斌华：《我国商业银行并购效率的研究方法述评》，《现代管理科学》2009 年第 10 期。

［8］ Ricardo Correa, "Cross – border Bank Acquisitions: Is There a Performance Effect?", *Journal of Financial Services Research*, 2008 (28), pp. 95 – 108.

第六章
中国房地产行业主并公司
价值效应分析

从 2011 年初的"新国八条""限购令"到首套房贷利率的上调以及银行信贷紧缩、证券融资收紧等一系列调控政策对我国房地产行业发展产生了深远的影响，部分房企正面临着生存难题。房地产企业纷纷选择并购作为企业战略扩张与结构调整的手段之一，这直接导致了近年来房地产企业间兼并重组事件的升级，使得"大鱼吃小鱼"的现象不断蔓延。

第一节　房地产行业并购研究背景和文献综述

自 1998 年我国进行货币化房改、取消"福利分房"并调整了一系列金融政策，中国房地产业开始了大规模的市场化运作。经过 20 多年的发展，我国房地产行业培育了一批大、中、小型房地产企业。房地产业逐渐成为国民经济的支柱性产业，为国家的繁荣昌盛做出了巨大的贡献。但是，在房地产业快速发展的同时，风险也在逐渐显现。由于其投资额巨大，只靠内部融资无法负担，往往需要借助不同的融资方式；其建设周期长，必然会存在许多不确定因素，在投资期间很有可能因为市场供需变化、房价调整等原因使得公司出现销售未达到预期目标、无法按期收回现金等问题，以致实际收益低于预期收益，无法偿还到期债务或再筹集资金困难，对企业的生产经营产生了不可忽视的影响。众所周知，房地产行业需巨额资金投入，在初期，很少有企业运用自有资金来运营，大部分以负债开发为主，大量的开发资金来源于借贷，为保证工程顺利进行，必须向银行借贷或向其他企业借款，银行借贷是最常用的一种方式。近年来，房地产行业成为热门行业，利润高，收益大。很多房地产企业盲目扩大规模，在所谓高回报的利益驱动下盲目举债，加重了成本负担，加大了债务风险，企业负债规模巨大，利息支出增多，收益降低而导致企业丧失偿付能力或破产的可能性也增大。事实上早在 2003 年 8 月 31 日国务院的 18 号文《关于促进房地产市场持续健康发展的通知》中就明确提出，支持具有资信和品牌优势的房地产企业通过兼并、收购和重组，形成一批实力雄厚、竞争力强的大型企业和企业集团。2010 年，国务院发布《关于坚决遏制部分城市房价过快上涨的通知》，明确要求"对存在土地闲置及炒地行为的房地产开发企业，商业银行不得发放新开发项目贷款，证监部门暂停批准上市、再融资和重大资产重组"。特别是从 2011 年起的一系列调控政策对我国房地产行业发展产生了深远的影响，直接导致了近年来房地产企业间兼并重组事件的升级，使得"大鱼吃小鱼"的现象不断蔓延。仅

2010 年一年，万科就收购了 24 家公司，平均每半个月收购 1 家；金地也收购了 13 家公司，收购金额达到 4.73 亿元。2011 年 5 月，万科以 11.57 亿港元收购南联地产 79.26% 的股权，中粮集团旗下的中粮香港以 3.62 亿港元收购侨福企业，招商地产也以 1.99 亿港元收购东力实业 70.18% 的股权。

2009 年发生的房地产行业并购事件仅有 20 起，但并购金额高达 29.71 亿美元；2010 年房地产行业并购数量大幅上升，完成的交易数量高达 84 起，占并购总量的 13.5%，为所有行业之首，并购的交易金额达到 25.82 亿美元，占并购总额的 7.4%；而 2011 年的并购数量超过 100 起，达到 113 例，并购金额更是高达 54.49 亿美元。而 2012 年房地产被并购企业所在地中天津以 14 起并购案居首，其次是广东（除深圳）、上海、北京、深圳等，而在并购金额上，北京以 4.82 亿美元高居榜首，接下来是湖北、上海、山东、天津，可见房地产行业并购大多发生于经济发达的东部地区及省份。

从并购的方式来看，房地产行业并购与其他行业并购有较大差别。当前房地产行业并购主要的方式有三种：一是全资收购房地产企业旗下的开发项目；二是股权投资，购买项目出让方所出让的项目股权，并参与开发运营；三是合资开发，根据股权比例履行同比的债权与出资义务，而开发管理可以根据双方约定委托单方负责。从近年来房地产行业的数百例并购案发现，80% 以上的并购为横向并购，且来自行业之间。横向并购对房地产业的优化发展毫无疑问是具有积极作用的，但是如果横向并购比重过大就难免会出现敌意并购现象，从而导致在并购后企业双方管理层摩擦增大，被并购方甚至会不惜代价设置障碍，从而增加公司收购成本。因此，应该鼓励一定比例的混合并购。混合并购是发生在非房地产企业与房地产企业之间的并购。通过并购尝试新的行业，实施多元化战略，不仅能有效扩充企业的经营范围，获取更广泛的市场和更多的利润，而且能够分散因本行业竞争带来的风险。所以，混合并购行为实际上是一份企业资源互补协议。

分析房地产企业并购重组的动因，主要有三个方面。一是融资渠道狭窄。目前房地产企业的直接融资比重很大，但是对于股票、债券等资本工具的利用率却一直不高，能进入证券市场的房地产企业都属于非常优秀的少数企业，而中小型房地产企业能够通过上市融资的方式来筹集资金的机会非常少，发行债券也只是资金来源的一小部分。二是企业规模小、竞争力不足。房地产市场企业数目众多、规模较小、实力不强，产业集中度也较低，无法形成规模效应。通过并购可以使企业拥有更大的能力来控制成本，增强企业开发和应用新技术的能力，提高专业化管理水平，促进资源的有效配置。三是国家政策的紧缩。我国房地产企业的资金来源主要是自有资金、银行贷款及预售款项等，其中银行贷款是支撑房地产商开发经营与周转的主要资金链。央行和银监会对30个省（自治区、直辖市）的调查数据显示，我国房地产开发资金来源中有55%的资金直接来自银行系统，贷款利率的高低、央行对房企贷款额度的限制、审批条件等都会对房地产行业造成一定影响。2010年，央行共调过6次存款准备金率，而在2011年不到半年的时间里已5次上调存款准备金率，基本上是每月上调一次。此举意在进一步收缩银行体系的宽裕流动性，致使贷款成本上升，房企想要轻易获得银行贷款的时代似乎已经结束，项目的开发将越来越依靠自筹资金。实力雄厚的大型房企还可以依靠自有资金，但中小型企业很可能会出现资金缺口，若是无法弥补，极有可能退出房地产市场。

熊欣（2012）的研究认为，并购主体企业的资金充足性、经营绩效，并购目标企业的资产负债状况，以及并购主体企业的国有背景、并购后的整合情况等因素与房地产企业并购绩效呈正相关，而并购目标企业的规模、估值现金支付方式等因素与房地产企业并购绩效呈负相关。黎泽（2011）的研究发现，房地产企业在并购当年的绩效达到最大，而其后的一年内经营绩效普遍下跌，并购后两年绩效开始好转。

第二节 实证过程

本章对房地产行业并购重组战略的价值效应的评估以沪深股市的数据为基础，采用事件研究法来进行研究。

本章主要借助国泰安 CSMAR 财经系列研究数据库和国信金太阳网上交易专业版的股价数据库获得有关国内上市公司兼并重组的初步数据资料。我们选取了 2010～2012 年房地产行业上市公司（简称为并购方）针对其他企业发生的兼并收购活动研究样本 24 个（见表 6－1）。利用国泰安数据库中考虑现金红利再投资的日个股回报率的数据作为个股实际报酬率，用国泰安数据库中考虑现金红利再投资的股票综合日市场回报率（流通市值加权平均法）作为市场组合的报酬率。为了研究的科学性和严密性，对这些样本进行了逐一筛选剔除。

表 6 - 1　房地产行业主并公司样本（2010～2012 年）

宝安地产（000040）	保利地产（600048）	滨江集团（002244）	华夏幸福（600340）
金科股份（000656）	金宇车城（000803）	京能置业（600791）	京投银泰（600683）
荣盛发展（002146）	宋都股份（600077）	天保基建（000965）	天 地 源（600665）
万泽股份（000534）	新 华 联（000620）	信达地产（600657）	阳 光 城（000671）
阳光股份（000608）	宜华地产（000150）	银基发展（000511）	云南城投（600239）
招商地产（000024）	正和股份（600759）	中航地产（000043）	中粮地产（000031）

（1）第一阶段分析。从表 6 - 2 可以看出，在［ - 60， - 31］窗口期，仅有 1/30 天数的平均超额收益率为负值，且波动较大，而累积超额收益率大大超出其他行业，最高达到 23.56%，且有继续保持这种高的超额收益率水平的趋势。说明在此阶段，并购的内部消息已经被很大范围内的人员所知晓，很多人员进行操作，认为此项并购是能达到预期收益目标的。

表 6 - 2　房地产行业第一阶段的平均超额收益率和累积超额收益率

单位：%

天	AAR_1	CAR_1	天	AAR_1	CAR_1	天	AAR_1	CAR_1
- 60	0.85	0.85	- 50	0.93	8.95	- 40	0.68	17.26
- 59	1.16	2.02	- 49	1.86	10.81	- 39	0.25	17.50
- 58	0.58	2.60	- 48	0.60	11.41	- 38	0.44	17.94
- 57	0.43	3.03	- 47	1.18	12.59	- 37	0.71	18.65
- 56	0.62	3.65	- 46	1.10	13.69	- 36	0.92	19.57
- 55	0.83	4.48	- 45	0.33	14.02	- 35	0.53	20.10
- 54	1.24	5.72	- 44	- 0.01	14.02	- 34	0.79	20.89
- 53	1.10	6.82	- 43	0.75	14.77	- 33	0.98	21.87
- 52	0.59	7.41	- 42	1.29	16.06	- 32	0.85	22.73
- 51	0.60	8.02	- 41	0.52	16.58	- 31	0.83	23.56

（2）第二阶段分析。从表 6 - 3 可以看出，在 ［ - 30，
- 1］窗口期，仅有 4/30 天数的平均超额收益率为负值，表
明第二阶段平均超额收益率的变化幅度与第一阶段相比并没
有太大变化。这段时间累积超额收益率维持在一个相对平稳
的高的水平，说明投资者在这期间也非常看好房地产行业的
并购事项，致使累积超额收益率一直高于市场平均水平。

表 6 - 3　房地产行业第二阶段的平均超额收益率和累积超额收益率

单位：%

天	AAR_2	CAR_2	天	AAR_2	CAR_2	天	AAR_2	CAR_2
- 30	0.42	23.98	- 20	0.73	31.31	- 10	- 0.36	36.75
- 29	0.62	24.61	- 19	0.28	31.60	- 9	0.72	37.47
- 28	1.17	25.78	- 18	0.96	32.56	- 8	1.33	38.81
- 27	0.40	26.18	- 17	0.58	33.14	- 7	- 0.06	38.75
- 26	1.12	27.30	- 16	0.51	33.64	- 6	0.14	38.89
- 25	0.48	27.78	- 15	0.54	34.18	- 5	0.04	38.93
- 24	0.58	28.37	- 14	0.68	34.86	- 4	- 0.82	38.12
- 23	0.84	29.20	- 13	1.29	36.15	- 3	0.30	38.42
- 22	0.72	29.92	- 12	0.59	36.75	- 2	0.18	38.59
- 21	0.67	30.59	- 11	0.36	37.10	- 1	- 0.36	38.23

在并购公告日当天，平均超额收益率为 - 0.00427917%，
表明大部分股东仍然特别看好并购事项，但是心态趋于平稳。

（3）第三阶段分析。从表 6 - 4 可以看出，在 ［1，30］
窗口期，有 15/30 天数的平均超额收益率为负值，最低达
到 - 1.13%，比上两个阶段的天数要多，同时此阶段较第二
阶段来说波动幅度较大。累积超额收益率出现下降趋势，但
仍保持在一个较高的水平，说明虽然在并购日后一段时间内

收益率还可以，但此收益能否维持还不确定，并购方公司股东在合并日后有些担忧公司并购后的发展。

表6-4　房地产行业第三阶段的平均超额收益率和累积超额收益率

单位：%

天	AAR_3	CAR_3	天	AAR_3	CAR_3	天	AAR_3	CAR_3
1	0.25	38.48	11	0.12	40.50	21	0.10	38.23
2	0.49	38.97	12	-0.10	40.40	22	0.14	38.37
3	-0.23	38.74	13	0.17	40.57	23	-1.13	37.24
4	1.31	40.05	14	-0.19	40.38	24	-0.90	36.34
5	0.14	40.19	15	0.20	40.58	25	-0.22	36.12
6	0.16	40.34	16	-0.47	40.11	26	-0.23	35.89
7	0.43	40.77	17	-0.45	39.65	27	0.27	36.17
8	0.24	41.02	18	-0.51	39.14	28	-0.59	35.58
9	-0.31	40.71	19	-0.43	38.72	29	0.04	35.62
10	-0.33	40.38	20	-0.59	38.13	30	0.20	35.82

房地产行业平均超额收益率和累积超额收益率在 [-60, 30] 的变化见图6-1、图6-2。

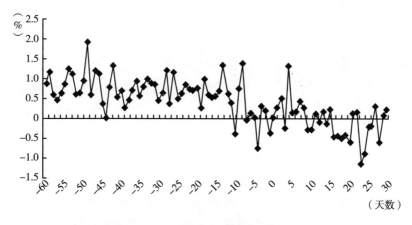

图6-1　房地产行业平均超额收益率在 [-60, 30] 的变化

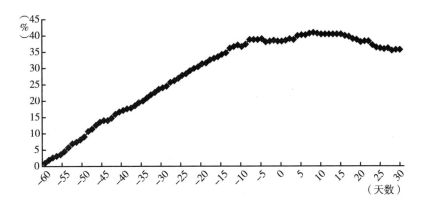

图6-2 房地产行业累积超额收益率在［-60,30］的变化

（4）和同时期各行业并购平均超额收益率和累积超额收益率的比较。从图6-3可以看出，在并购日后，各行业综合平均超额收益率波动幅度逐渐减小，而房地产行业在并购日后的波动稍大。从图6-4可以看出，同时期各行业综合累积超额收益率在［-60,30］窗口期内呈逐渐上升趋势，

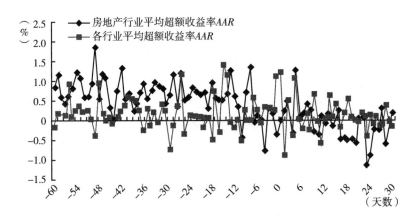

图6-3 房地产行业和同时期各行业的平均超额
收益率在［-60,30］的变化比较

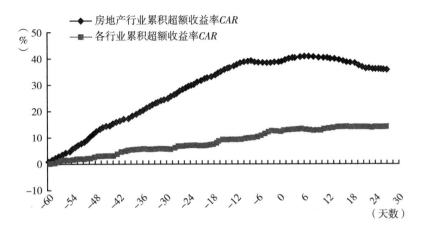

图 6-4 房地产行业和同时期各行业的累积超额收益率在 [-60, 30] 的变化比较

最终达到 14.21%，说明并购后大多数并购方公司股东比较看好公司并购后的前景，能够获得较大的超额收益，而房地产行业的累积超额收益率在并购公告日前期一直急剧上升，在 [-60, 30] 窗口期内均为正值，最高时达到 41.02%，说明房地产公司对房地产行业的市场前景表示乐观，房地产行业仍然炙手可热。

第三节 研究结论及启示

实证结论表明，我国房地产行业 2010~2012 年并购方公司股东在并购前后 91 天的时间里获得的累积超额收益率最高可达 41.02%，和同时期其他行业并购事件相比，累积超额收益率特别高，说明投资者对于房地产行业并购重组事件给予极高的积极评价，该行业的并购达到预期目标，实现利润的超额增长。通过对 24 个样本数据的研究发现，房地产行业并购后能够产生远远超过其他行业的超额收益率，所以可以预计到中国房地产行业今后仍会在很长时间里发生相对于其他大部分行业更大规模的并购事件，使房地产市场不断洗牌。根据披露的相关信息：2012年第三季度中国并购市场 20 个一级行业中，从并购案例数来看，房地产行业并购异军突起，案例达到 23 起，占比 9.9%；并购金额方面，房地产行业以 14.43 亿美元的交易总额、22% 的总体占比位居全部行业第一，其单笔平均交易金额更是达到 6871.38 万美元。这与我们的研究结果不谋而合。可以说，我国房地产行业的并购在一定程度上使并购企业的赢利能力增强，提高了房地产企业的绩效，同时提高了房地产企业的竞争力和抗风险能力，也有利于房地产市场的规范化和持续性发展。但房地产企业在选择并购对象时也必须考虑各方面的风险，如项目风险、行业风险、管理风险等。就项目风险来说，要注意收购的项目是否与公司的发展相吻合，不能盲目求大求快，造成资金链紧张而不利于企业的下一步发展；就行业风险来说，房地产行业近年来一直面临宏观政策调控风险，未来走势具有不确定性；就管理风险来说，收购仅仅是第一步，并购后的整合情况更加重要，企业能否实现 $1 + 1 > 2$ 的目标，管理能力占据很重要的地位。并购必然涉及管理融合风险，不同的企业有不同的企业文化和经营模式，双方在建筑产品、项目定位等方面都存在较大差别，而一些企业并购之所以失败，就在于没有把握好融合问题，万科和华远当时的合作失败就在于此。因此，房地产企业也必须注重并购后的全面整合问题，保证并购后能够得到较高的长期利润。

主要参考文献

［1］陈小悦、肖星、过晓艳：《配股权与上市公司利润操纵》，《经济研究》2000 年第 1 期。

［2］方军雄：《政府干预、所有权性质与企业并购》，《管理世界》2008 年第 9 期。

［3］高雷、何少华、仪垂林：《国家控制、政府干预、银行债务与资金侵占》，《金融研究》2006 年第 6 期。

［4］黎泽：《我国房地产企业并购绩效研究》，《人力资源管理》2011 年第 10 期。

［5］潘红波、夏新平、余明桂：《政府干预、政治关联与地方国有企业并购》，《经济研究》2008 年第 4 期。

［6］熊欣：《基于平衡计分卡的房地产企业并购绩效研究——以我国房地产企业为例》，《现代商业》2012 年第 6 期。

［7］张维迎：《企业理论与中国企业改革》，北京大学出版社，1999。

第七章
中国医药行业主并公司
价值效应分析

第一节 医药行业并购研究背景和文献综述

医药行业是我国国民经济的重要组成部分，是集第一、第二、第三产业为一体的行业，对于保护和增进国民健康、提高生活质量、促进经济发展和社会进步都具有十分重要的作用。医药行业不仅具有经济职能，还具有关系人民健康和社会稳定的社会职能，是与人民群众切身利益相关的大事，是构建和谐社会的重要内容。十八大报告提出，要把提高人民健康水平作为卫生事业发展的根本目的，把医疗保障、医疗服务、公共卫生、药品供应、监管体制综合改革作为推进重点，强调要为群众提供安全有效方便价廉的公共卫生和基本医疗服务，进一步明确了深化医疗改革的目标。随着国家各项政策的大力支持，医药行业将迎来新的发展机遇。

医药行业是一个弹性需求非常小的行业，药品是一项必备物品。不管宏观经济走势如何，是萧条还是繁荣，医药业都能保持一个较高的增长。而且随着不断发展，各种以前没有的病症也逐渐出现，或是一些疾病出现了变异，比如艾滋病、非典、禽流感等，需要我们不断投入大量的人力、物力、财力进行研究开发。但是，开发新药的成本很高，难度相对较大，时间周期长，开发过程需要谨慎小心，资金投入量非常大，发明出新药以后还要进行相应的检查和临床试验等步骤，后期耗费也非常高，据统计，国外研究开发一种新药所需要的资金在 1 亿 ~ 5 亿美元，雄厚的资金支持是新药问世的必备条件。虽然医药的研发耗时耗钱，但一旦研发成功，相应的回报非常丰厚，英国葛兰素公司开发的雷尼替丁是一种有效的治疗胃溃疡的药品，1981 年上市，至今世界上有上百个国家应用，年销售额高达 200 亿美元。

在"十一五"期间，我国医药行业克服国际金融危机的影响，发展态势良好。规模效益快速增长，2010 年，医药工业完成总产值 12427 亿元，比 2005 年增加 8005 亿元，年均增长 23%。完成工业增加值 4688 亿元，年均增长 15.4%，快于 GDP 增速和全国工业平均增速。医药企业实力也得到进一步增强，在市场增长、技术进步、兼并重组等力量的共同推动下，涌现出一批综合实力较强的企业，销售收入超过 100 亿元的工业企业由 2005 年的 1 家增加到 2010 年的 10 家，超过 50 亿元的企业由 2005 年的 3 家达到 2010 年的 17 家。哈药集团、石药集团、北京同仁堂、广药集团等大型企业规模持续增长，浙江海正、神威药业等创新型企业快速发展，特别是中国医药集团、上海医药集团、华润医药集团等骨干企业通过并购重组迅速扩大规模，整合产业链，提高了市场竞争力。区域发展特色突出，东部沿海地区充分发挥资金、技术、人才等优势,加强产业基地和工业园区的建设,促进集聚发展,"长三角""珠三角"和"环渤海"三大医药工业集聚区的优势地位更加突出,辐射能力不断增强。但同时,也存在一些问题。其中,医药企业多、小、散是医药工业发展中的主要问题。药品生产企业4800多家,但销售不足500万元的占到70%以上;医疗器械企业13000家,销售额1亿元以上的不足200家;2010年医药销售收入前100位的企业占全行业销售收入的比重仅达到33%。我国缺乏大型的龙头企业,很多企业的专业化程度不足,规模小、研究开发能力薄弱、生产成本高、效益较低,缺乏竞争力,企业的生产集中度远远无法达到发达国家水平。创新能力较差,我国缺少拥有自主知识产权的新产品,低档品和低附加值产品多,高技术含量和高附加值产品较少,重复生产的品种较多,同一个品种常常有几十家甚至上百家企业同时生产,缺少独家品牌。很多药品都是仿制药,主要是由于研发新药所需资金投入量大,时间成本很高。我国医药行业的生产技术水平不高,在临床上所需要的很多高精尖医疗器械和设备都是由外国进口的。我国已经是国际上的原料药生产大国,但对药物制剂技术开发研究不够,水平较低,很多制剂质量达不到国际市场的要求,国际竞争力很低。

1993年6月,第一家医药上市公司哈医药于上交所挂牌。从20年的发展历程来看,医药行业已经成为资本市场的一个重要板块。目前,我国已经成为世界十大医药生产国和原料药出口国之一。随着人口的增长、老龄化进程的加快、医疗保险制度改革的不断推进、居民支付能力的增强,以及城镇化水平的逐步提高,药品的需求量也进一步增加。纵观国内的医药行业,"多、小、散、乱、差"的局面多年来一直没有得到改变，而并购则是实现产业整合、优化结构、提升竞争力的重要手段。国家一直大力支持医药行业的并购重组工作，在医药工业"十二五"发展规划中，着重提出要提高产业集中度，到 2015 年，销售收入超过 500 亿元的企业达到 5 个以上，超过 100 亿元的企业达到 100 个以上，前 100 位企业的销售收入占全行业的 50% 以上，明确将企业并购作为主要任务，调整优化组织结构，鼓励优势企业实施兼并重组，支持研发和生产、制造和流通、原料药和制剂、中药材和中成药企业之间的上下游整合，完善产业链，提高资源配置效率。支持同类产品企业强强联合、优势企业重组落后的弱势企业，促进资源向优势企业集中，提高产业集中度，加快发展具有自主知识产权和知名品牌的骨干型企业，形成一批具有国际竞争力且对行业有较强带动作用的大型企业集团。深化体制机制改革和管理创新，鼓励兼并重组企业建立健全规范的法人治理结构，转换企业经营机制，创新管理模式，支持企业加强和改善生产经营管理，促进自主创新和技术进步，淘汰落后的生产设备，提高市场竞争力。同时，促进大中小企业协调发展，鼓励大型的骨干企业加强新药研发、市场营销和品牌建设，支持中小企业发展技术精、质量高的医药中间体、辅料、包材等产品，鼓励中小企业发挥贴近市场、决策迅速、机制灵活的特点，培育一批专业化水平高、竞争力强、专精特新的中小企业，形成各类型企业协调发展的格局。

医药行业要做大做强，就必然要扩大现有规模。扩大规模的方式，一靠企业自身投入资金购买各项资产扩张实力，二靠兼并重组。比较之下，并购更能在较短的时间内达到成效，节省成本，因此医药行业的并购是一个必然的趋势，是医药集中化和专业化的必然要求。根据清科研究中心的统计，2006～2010年，中国医药并购市场共完成92起案例，其中共有78起披露了具体金额，总额达到22.63亿美元。另有数据显示，2011年1月～2012年7月，国内医药行业共出现超过90起并购。可见医药业并购开始进入快速增长期。

近几年，医药行业国际国内大手笔的并购活动频频发生。2009年，辉瑞（Pfizer）用680亿美元并购惠氏（Wyeth），两大制药巨头的此次交易是自2006年以来的最大并购案，被认为将有利于两个企业的多样化和灵活性，从而形成一个巨大规模的企业联合体。2009年3月，罗氏制药与基因泰克宣布双方达成并购协议，罗氏以468亿美元并购基因泰克44%的剩余股份，至此基因泰克的全部股份都为罗氏制药持有。合并后罗氏制药将成为美国第七大制药公司，年度营业收入将达到170亿美元。持有基因泰克的全部股份有助于罗氏制药降低成本，并且基因泰克畅销的抗癌药物将大幅提高其营业收入。同年，葛兰素史克（GSK）斥资36亿美金收购皮肤病用药领域的私人公司Stiefel，此次并购是GSK多样化计划之一，综合其原有的有关皮肤病产品，该公司将占有这一市场在全球领域内8%的份额。并购后，GSK将获得Stiefel正处在研发后期的15个产品。2011年，全球最大的抗艾滋病毒药物制造商吉利德科学公司（Gilead Sciences）决定以约110亿美元收购丙型肝炎病毒治疗药生产商Pharmasset公司。收购后，吉利德公司的销售收入到2020年有望达到200亿美元，很有希望成为新一代丙型肝炎病毒疗法的带头人。

就国内的并购来说，2010年12月，国药集团重组榆林市药材医药公司，组建了新的国药控股榆林有限公司。通过并购，一方面可以充分利用榆林在中药材方面的优势，另一方面可以有效发挥国药集团的医药产品及器械在研制、生产等方面的技术优势，进一步做强榆林的医药工业。2012 年 5 月，中国通用技术集团旗下的中国医药以吸收合并方式合并天方药业，天方药业终止上市。这次合并体现了中国通用技术集团准备借此整合其医药资源。重组之前，中国医药侧重于商业流通和国际贸易，而天方药业着重研发制药，重组后双方优势互补，产业链实现整合，更有利于应对当前激烈的医药竞争。

就医药行业的并购动因来看，主要包括以下几个原因。首先是国家政策的不断出台。2010 年，工信部、卫生部等三部门联合发布了医药行业结构调整的指导意见，创新和整合成为未来几年的关键词，并购将成为未来几年的着力点。2012 年 1 月，医药工业"十二五"规划出台，鼓励优势企业实施兼并重组，提高产业集中度。新版 GMP 无菌药认证大限来临，进一步推动了药品行业兼并重组的进程。根据《药品生产质量管理规范》（2010 年修订），未达到新版 GMP 要求的企业或车间，在期限到来后不得继续生产药品。自 2011 年 3 月新修订药品 GMP 实施以来，截至 2012 年 10 月，已有 535 家企业全部或部分车间通过了新修订药品 GMP 认证。有关人士表示，一家药企新版 GMP 的改造费用平均需要 500 万~1000 万元，对于很多中小企业来说是一笔巨大的支出，负担较重，目前通过验证的无菌药企业只有 200 家，而国内的无菌药厂大约有 1400 家，可见会有大量企业被兼并。其次是投入过高促使并购的持续发展。企业如果能持续开发出新药，就能在较大程度上支撑医药企业的生存和发展，因为开发出新药后，在其专利保护期内，能够获得更高的利润以弥补前期研发支出。而医药研发成本越来越高，周期也越来越长，开发风险也随之增加，中小型药品制造企业很难独自承担如此高额的费用，促使并购成为制药企业扩大规模、增强产品开发能力和创新能力的一个有效手段。最后是我国医药企业的产业集中度很低。2010年，我国销售收入前100位的制药企业占全行业销售收入的比重仅为33%，而美国排名前10位的制药公司占据全美医药行业90%的销售份额。我国医药市场的集中度过低，不利于发挥整合效应，严重制约了整个医药行业的长期发展。通过并购可以对产业链进行整合，调整产业结构，加快产业优化升级，提高产业集中度，推动行业的快速发展。

在医药企业的实证研究中，国内外众多学者都对此进行了大量研究。Agrawal和Jaffe（2001）考察了美国227起要约收购和937起兼并交易，在对全部样本公司并购后5年的长期超常收益计算的基础上，研究发现，主并公司在并购完成后的5年内损失了股东财富的10%。Carmine Ornaghi（2008）采用倾向性评分法研究了1988～2004年医药上市公司的绩效，发现并购活动并不能帮助企业实现协同效应和规模效应，反而给企业的研发投入、产出等带来负影响，并在事件观察期内持续不断地损害并购公司股东的财富。Jing Yang，Hailin Qua和Woo Gon Kim（2009）对1996～2007年的19例医药并购进行分析，发现在同样的并购规模下，使用股票支付比现金支付获得的长期收益要大，并且医药行业并购绩效与并购规模成正比。雷亦敏（2005）对我国医药行业上市公司在2000～2001年参与并购的58个样本公司进行了绩效研究，认为整体上看上市公司重组后业绩得到改善、价值得到提高，大股东的控股地位稳固，经营逐渐走向正轨，业绩稳定。胡怡（2006）以2002年深市、沪市医药上市公司发生的并购案件为样本，运用超常收益法和财务分析法对样本进行了深入分析，得出收购公司在特定区间内可获得一定的累积超额收益，而目标公司在这个区间内没能获得累积超额收益。

第二节 实证过程

本章对医药行业并购重组战略的价值效应的评估以沪深股市的数据为基础，采用事件研究法来进行研究。

本章选取了 2008～2012 年医药行业上市公司针对其他企业发生的兼并收购活动研究样本 14 个，其中上海 A 股 4 家，深圳 A 股 5 家，中小板 3 家，创业板 2 家（见表 7-1）。各项数据借助国泰安 CSMAR 财经系列研究数据库直接导出得到。为了研究的科学性和严密性，对这些样本进行了逐一筛选剔除。

表 7-1 医药行业主并公司样本 (2008～2012 年)

独 一 味 (002219)	广济药业 (000952)	国药一致 (000028)	海正药业 (600267)
华润三九 (000999)	康 恩 贝 (600572)	乐普医疗 (300003)	三普药业 (600869)
双鹭药业 (002038)	四环生物 (000518)	太 安 堂 (002433)	阳普医疗 (300030)
益佰制药 (600594)	云南白药 (000538)		

（1）第一阶段分析。从表 7-2 可以看出，在 [-60，-31] 窗口期，有 9/30 天数的平均超额收益率为负值，其他均为正，且在此阶段平均超额收益率的均值为 0.33%，而从累积超额收益率来看，在这 30 天的时间里（不包含休息日），一直呈现逐渐上涨的趋势，最终为 10.02%。可见，

在第一阶段，有些内部人士知道了将要并购的消息，而他们大部分对于并购事件持乐观态度，比较看好并购行为，认为并购可以改善企业的绩效，原因可能是并购可以降低生产成本、发挥规模效应等。

表 7 - 2   医药行业第一阶段的平均超额收益率和累积超额收益率

单位：%

天	AAR_1	CAR_1	天	AAR_1	CAR_1	天	AAR_1	CAR_1
-60	-0.78	-0.78	-50	0.30	3.34	-40	-0.50	6.68
-59	-0.19	-0.97	-49	0.65	3.99	-39	0.41	7.09
-58	0.39	-0.58	-48	-0.12	3.87	-38	0.06	7.14
-57	0.74	0.16	-47	0.30	4.17	-37	-0.05	7.10
-56	0.73	0.89	-46	0.42	4.59	-36	-0.37	6.72
-55	0.82	1.71	-45	0.45	5.05	-35	0.75	7.48
-54	0.28	1.99	-44	0.59	5.63	-34	-0.06	7.42
-53	1.54	3.52	-43	0.22	5.86	-33	1.24	8.66
-52	-0.50	3.02	-42	-0.05	5.81	-32	0.06	8.72
-51	0.01	3.03	-41	1.37	7.18	-31	1.30	10.02

（2）第二阶段分析。从表 7 - 3 可以看出，在 ［ - 30，-1］窗口期，有 14/30 天数的平均超额收益率为负值，接近一半，比第一阶段为负值的天数有所上升，均值为 0.05%，低于前一阶段，波动幅度也有所增加，且在并购前几天内波动较大。而累积超额收益率并没有像前一窗口期呈现逐渐上升趋势，而是有升有降，但总体来说形势还是不错的，在此阶段上升了 1.45 个百分点，最终为 11.47%，说明投资者虽然稍有踌躇，但依然是比较认可并购行为，认为并购后发展的潜力较大，态度一直比较乐观。

表 7 - 3 医药行业第二阶段的平均超额收益率和累积超额收益率

单位：%

天	AAR_2	CAR_2	天	AAR_2	CAR_2	天	AAR_2	CAR_2
-30	0.61	10.64	-20	1.09	10.72	-10	-0.58	7.78
-29	-0.74	9.90	-19	0.42	11.14	-9	-0.54	7.24
-28	0.52	10.42	-18	0.16	11.30	-8	1.12	8.36
-27	-0.06	10.36	-17	0.22	11.52	-7	0.24	8.60
-26	-0.18	10.18	-16	0.04	11.56	-6	0.18	8.77
-25	-0.31	9.87	-15	-0.78	10.78	-5	-0.55	8.22
-24	-0.35	9.52	-14	-0.37	10.41	-4	0.90	9.12
-23	0.40	9.93	-13	-1.16	9.26	-3	-0.13	8.99
-22	-0.46	9.46	-12	0.00	9.25	-2	0.78	9.77
-21	0.17	9.64	-11	-0.90	8.35	-1	1.70	11.47

在并购公告日当天，平均超额收益率为 2.93%，说明大部分并购方公司股东对于并购事件比较赞同，认为其对于企业发展有利。

（3）第三阶段分析。从表 7 - 4 可以看出，在 [1，30] 窗口期，平均超额收益率为负值的天数比第二阶段有所上升，达到了 16/30，超过一半天数为负值，且每天的平均超额收益率均值下降为负值，为 -0.02%，变化幅度（标准差）小于第二阶段，大于第一阶段。累积超额收益率虽然在并购日后几天内有所下降，但之后比较稳定，大致呈上升的趋势，最终达到 13.68%。可见，虽然并购日后几天内股东有些疑虑，可能担心并购后会发生一系列整合问题，但总体来说态度比较积极，认为并购是有效益的，有利于企业的发展，提高长期绩效。

表7-4　医药行业第三阶段的平均超额收益率和累积超额收益率

单位：%

天	AAR_3	CAR_3	天	AAR_3	CAR_3	天	AAR_3	CAR_3
1	0.05	14.45	11	-0.01	12.04	21	0.87	15.71
2	-0.40	14.04	12	-0.09	11.95	22	-0.48	15.23
3	-0.39	13.65	13	1.22	13.17	23	-0.50	14.73
4	-1.44	12.21	14	-0.58	12.60	24	-0.12	14.62
5	-0.71	11.50	15	0.83	13.43	25	0.14	14.76
6	-0.52	10.98	16	0.39	13.82	26	-0.04	14.72
7	-0.28	10.70	17	0.42	14.24	27	0.93	15.65
8	0.13	10.84	18	0.01	14.25	28	-0.98	14.67
9	0.04	10.88	19	0.46	14.71	29	-0.29	14.38
10	1.18	12.06	20	0.13	14.84	30	-0.70	13.68

医药行业平均超额收益率和累积超额收益率在 [-60，30] 的变化见图7-1、图7-2。

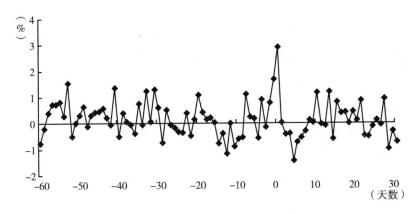

图7-1　医药行业平均超额收益率在 [-60，30] 的变化

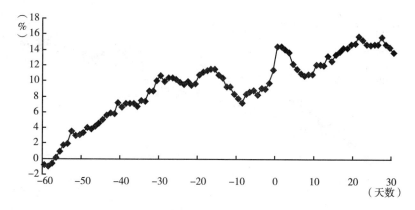

图 7 - 2 医药行业累积超额收益率在 [- 60, 30] 的变化

（4）和同时期各行业并购平均超额收益率和累积超额收益率的比较。从图 7 - 3 可以看出，医药行业的平均超额收益率在并购前后几天内的波动幅度稍大，而在 [- 60, 30] 的窗口期内均值与各行业总体水平相差不大，标准差比总体水平要高。从图 7 - 4 可以看出，各行业总体和医药行业的累积超额收益率在 [- 60, 30] 窗口期内基本呈逐

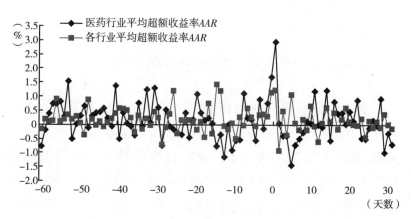

图 7 - 3 医药行业和同时期各行业的平均超额收益率
在 [- 60, 30] 的变化比较

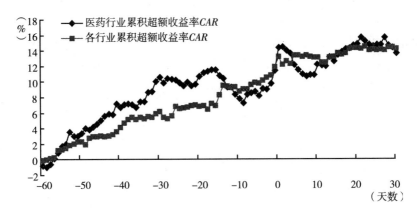

图 7-4　医药行业和同时期各行业的累积超额收益率
在［-60，30］的变化比较

渐上升趋势。在第 -13 天前，医药行业的累积超额收益率
比各行业总体情况要好，但之后逐渐趋于一致，最终数值相
差不大。说明并购后大多数医药行业并购方公司股东较为认
可并购行为，看好公司并购后的发展前景，认为并购重组
可以带来各项积极效应，有利于获得较大的超额收益，合
并效果显著有利。

第三节　研究结论及启示

实证结论表明，我国医药行业 2008～2012 年并购方公
司股东在并购前后 91 天的时间里获得的累积超额收益率达
到 13.68%，显著不等于 0，说明投资者对于医药行业并购
重组事项比较认可，较为看好医药业并购后的长期发展，并
购事项较好地达到了预期的目标。可见，国家为促进医药行
业并购所实施的各项政策是有效的，可以提高行业整体的绩
效，增强医药业竞争力。但是在医药行业的并购中也要注意

出现的种种问题。第一，研发能力不足。和众多发达国家相比，我国医药行业的科研投入不足，企业研发能力较为薄弱，据统计，我国企业的研发投入一般只占销售额的2%~5%，而且科研力量主要集中在高校，企业自主研发意识薄弱，资金投入有限，科研成果转化成实物的比率较低。第二，深层次整合有待加强。我国医药行业公司较多，但规模都比较小，无序竞争情况严重，不论是药品零售业或制药企业，仅凭单独的几起并购很难在短期内使整个行业实现规模效应，提高产能。而且现在的并购很多仅仅是流于表面，在人员整合、文化整合等方面还存在长期的融合问题，比如并购必然会带来新的人员调整，不可避免地会带来员工心理上的抵制，而不同的医药企业也有自己的文化，短时间内很难进行改变，无法在短期内统一运作。第三，监管力度不足。目前我国一些上市公司经常在出具报表前期通过与关联方进行兼并重组来扭亏，这可以在短期内提高各项财务指标，报表项目较为好看，使得公司在短期内对于股价有正向的刺激作用，但并不能从根本上解决公司的长期发展问题。因此，在医药行业并购中，必须注意并购后整合问题，将一些相同或相似的生产线、销售渠道等进行整合，进一步完善各项管理制度，进行企业文化及人力资源等方面的整合，选择最适合的文化整合方法，使全体员工能够在理念上保持一致，避免引起过多的不满，运用适当的激励措施，注意人才的保留和培养。另外，还要注意并购动机。并购是为了实现供产销一体化服务，提高企业的规模和效益，不能只是为了短期报表项目的快速提升。要从长远看企业的发展与前景，选择真正有助于企业效益的项目。

主要参考文献

［1］ 曹建初：《浅谈医药企业并购中的文化整合》，《上海医药》2011 年第 3 期。

［2］ 陈春华：《中国医药行业并购研究》，东华大学硕士学位论文，2008。

［3］ 樊琳琳：《中国医药上市公司并购绩效的实证研究》，山东大学硕士学位论文，2010。

［4］ 关超：《基于事件研究法的我国 A 股医药上市公司并购绩效研究》，南京航空航天大学硕士学位论文，2009。

［5］ 关超、段进东：《我国医药上市公司并购绩效实证研究》，《金融经济》2009 年第 11 期。

［6］ 胡怡：《中国医药行业并购绩效研究》，东华大学硕士学位论文，2006。

［7］ 雷奕敏：《经济增加值与医药行业上市公司并购重组绩效研究》，湖南大学硕士学位论文，2005。

［8］ Agrawal Anup and Jaffe Jeffrey, "Do Takeover Targets Under-Perform? Evidence from Operating and Stock Returns", NBRE Working Paper Series, *National Bureau of Economic Research*, 6, 2001.

［9］ Agrawal A., Jaffe J. F., "The Post-Merger Performance Puzzle", *Advances in Mergers and Acquisitions*, 2000, pp. 7 – 41.

［10］ Carmine Ornaghi, "Mergers and Innovation in Big Pharma", University of Southampton, 2008.

［11］ Jing Yang, Hailin Qua, Woo Gon Kim, "Merger Abnormal Returns and Payment Methods of Hospitality Firms", *International Journal of Hospitality Management*, 28, 2009, pp. 579 – 585.

第八章
中国钢铁行业主并公司
价值效应分析

近年来钢铁行业并购日趋活跃，尤其自 2007 年以来，受国内外经济环境的影响和国内政策的引导，并购重组活动进一步加速。2011 年公布的《钢铁工业"十二五"发展规划》中提出，到"十二五"末，使钢铁工业结构调整取得明显进展，基本形成比较合理的生产力布局，通过兼并重组大幅度减少钢铁企业数量，国内排名前 10 位的钢铁企业集团钢产量占全国总量的比例由 48.6% 提高到 60% 左右，形成多家具有较强自主创新能力和国际竞争力的大型钢企。钢铁行业的并购重组正在加速进行，对其价值效应进行综合分析，不仅具有现实意义，更具有理论和实际应用价值。

第一节　钢铁行业并购研究背景和文献综述

钢铁行业是我国最重要的支柱性产业之一，应用于国民经济的各个领域，在工业化进程中占有不可替代的作用，是关系国计民生的基础性行业。进入 21 世纪以来，我国的钢铁行业迅速发展，1996 年我国粗钢产量达到 1.01 亿吨，首次成为世界第一产钢大国，之后粗钢产量便一直居世界第一。2006 年，我国粗钢产量 4.21 亿吨，超过美国、日本和欧盟的粗钢产量之和，占全球粗钢产量的 34.66%。但近年来钢铁行业的效益却不甚理想，净利润大幅下滑。Wind 统计数据显示，截至 2012 年 10 月 30 日，公布三季报的 27 家钢铁企业前三季度共计实现归属于母公司股东的净利润 3.66 亿元，同比下滑 98%；27 家钢企的平均销售毛利率仅为 5.40%，较 2011 年同期的 7.99% 进一步下滑，其平均净资产收益率仅为 -2.09%，存货余额则达到了 1808.7 亿元。与前期迅速发展的阶段相比，在经历了三个季度的严重亏损后，并购重组相对来说应该更容易一些，因为随着亏损额的大幅增长，很多经营困难亏损严重的企业愿意"被收购"。而就世界钢铁行业的发展来看，并购重组也是提高产业集中度，增加企业竞争力的重要途径。

《钢铁工业"十二五"发展规划》（以下简称《规划》），是根据《国民经济和社会发展第十二个五年规划纲要》和《工业转型升级规划（2011～2015 年）》编制的，主要阐明钢铁行业发展战略和目标，明确发展重点，引导市场优化配置资源，对钢铁工业转型升级进行部署，是"十二五"期间我国钢铁工业发展的指导性文件。"十一五"时期是我国钢铁工业发展速度最快、节能减排成效显著的五年。在"十一五"期间，钢铁工业支撑了国民经济平稳较快发展，品种质量明显改善，技术装备水平大幅度提高，节能减排成效显著，联合重组步伐加快，布局优化取得进展，工业化和信息化融合水平不断提升，铁矿资源勘探开采迈出新步伐。就并购重组方面来说，跨地区重组不断推进，宝钢重组新疆八一钢铁、韶钢和宁波钢铁，武钢重组鄂钢、柳钢和昆钢股份，鞍钢联合重组攀钢，首钢重组水钢、长治钢铁、贵阳钢铁和通化钢铁，沙钢重组河南永钢，华菱钢铁重组无锡钢厂等基本完成。区域联合重组也取得新进展，相继组建了河北钢铁集团、山东钢铁集团、渤海钢铁集团、新武安钢铁集团，河北钢铁集团还探索以渐进式股权融合方式重组了区域内 12 家钢铁企业。而"十二五"末的主要目标是，钢铁工业结构调整取得明显进展，基本形成比较合理的生产力布局，资源保障程度显著提高，钢铁总量和品种质量基本满足国民经济发展需求。主要涉及六点，即品种质量、节能减排、产业布局、资源保障、技术创新及产业集中度。

目前我国钢铁工业有 7000 多家企业，其中生产粗钢的企业 500 多家，平均规模仅 100 多万吨，前四家钢铁企业粗钢产量仅占全国总产量的 27.8%，远落后于美、日、韩 70%~90% 的水平。钢铁的产业集中度低，在一定程度上容易导致无序竞争及盲目投资等问题，会制约我国钢铁行业的持续生产和创新能力。"十二五"期间，兼并重组是我国形成具有核心竞争力的大型钢铁集团的有效手段，要结合淘汰落后、技术改造和布局优化，深入推进钢铁企业的兼并重组。

《规划》明确提出要加快推进兼并重组，重点支持大型钢铁企业开展跨地区、跨所有制兼并重组，积极支持区域优势钢铁企业兼并重组。由于我国经济发展的复杂多样性，这两种模式均符合我国钢铁工业发展的进程。而且还指出鼓励各地、各企业探索出多种形式的兼并重组，支持所有有利于调整钢铁工业结构、转型升级，发挥出重组协同效应的模式。

《国务院关于促进企业兼并重组的意见》强调要发挥企业的主体作用、坚持市场化运作、政府引导的原则。要充分发挥市场机制的基础性作用，鼓励企业通过平等协商、依法开展兼并重组活动，还要注意加强政府协调管理的作用，稳健高效地推进钢企的兼并重组，同时引导企业在兼并重组中与淘汰落后产能、节能减排、转型升级相结合，提高企业的核心竞争力。

《规划》在目标中提出，"十二五"末，前十家钢铁企业产业集中度要在现有基础上增加 12 个百分点，提高到 60%。之所以只定下 60% 的目标，一是考虑到我国钢铁企业重组的复杂度，无法在短期内迅速地大幅提高产业集中度；二是由于我国面积广大，地区发展差异较大，而钢铁工业规模大、分布散，多种所有制形式并存，很难像日本、韩国等国家那样两三家企业就可以占据 70% ~ 80% 的产量。60% 的目标比较符合我国的国情和实际发展状况。

2012 年，世界各地钢铁厂的总产能为 18 亿吨，而订单只有 15 亿吨。世界钢铁协会的数据显示，2012 年 5 月全球钢铁产能的利用率仅为 79.6%。从这两组数据可以看出，全球钢铁业正面临着产能严重过剩的问题。而此问题已经严重压低了钢铁价格和钢铁业的利润。就我国来说，改革开放以后，我国钢铁业出现了跨越式发展。1996 年，我国钢铁产量首次突破 1 亿吨，跃居世界第一；2003 年，我国钢铁产量达到 2.2 亿吨；2005 年，我国钢铁产量达到 3.4 亿吨；2006 年，我国钢铁产量突破 4 亿吨，达到 4.18 亿吨；2007 年，我国钢铁产量达到 5 亿吨；2008 年，全年钢铁产量达到 5.02 亿吨。而 2009 年，虽然有国际金融危机的影响，全球钢产量同比下降，但我国产量继续增高，约为 7 亿吨。我国已经出现较严重的产能过剩状况。工信部在其发布的《2012 年中国工业经济运行上半年报告》中指出，我国钢铁业产能过剩 1.6 亿吨以上。据统计数据估计，截至 2012 年末，我国冷轧年产能将达 1.2 亿吨，是 2008 年的近 2 倍；硅钢 1530 万吨，超过 2009 年产能的 2 倍。若不加以引导和抑制，可能会形成时间较长的大规模的严重过剩。在我国，利润已经到了每吨只赚 1.68 元的地步，因此，有关人士都在大力呼吁要对钢铁行业进行必要的整合，提高产业集中度，淘汰落后企业，扩展产业链，向上游或下游延伸。工信部也提出要力促钢铁等产能过剩行业的兼并重组，提高资源配置效率。

钢铁行业的并购有多重动因。首先，是基于规模经济的需要。钢铁业是一个典型的具有规模经济的行业。经济学认为，钢铁行业的规模经济基本呈"U"形，即随着生产能力的扩张，长期平均成本能够逐渐递减，或者是到一定程度才会递增，而我国钢铁企业的产业集中度还比较低，通过兼并重组，淘汰业绩不佳的企业，可以扩大企业总体规模，提高生产效率，节省采购成本和交易成本，降低运输、销售等费用，从而获得较高的利润。其次，整合企业资源。通过并购重组，提高企业的技术水平和管理水平，提高劳动生产率和资源利用率，帮助小型企业淘汰落后生产力，整合并购双方的各项要素，优势互补，提升企业的核心竞争力，最终培育出一批具有国际竞争力的大型钢企。最后，还出于应对外资并购威胁的战略考虑。近年来，米塔尔、安赛乐等外国企业企图并购华菱管线、八一钢铁等中型钢铁。为了避免外资介入，一些大型钢铁企业开始并购有发展潜力的中小型钢企。

政府正在大力支持钢铁企业并购，力图发挥行业优势，但也出现了一些疑惑的声音。有人认为钢铁企业并购会出现国有大型企业吞并小型民营企业的"国进民退"现象。宝钢、武钢等国有大型钢铁企业在并购潮中明显处于主力地位，活跃的民营企业相对来说较少，且实力不足。相比而言，国有大型企业资源充足，在资金和技术方面的实力雄厚，在并购活动中一直处于优势地位。而且近几年钢铁企业的发展逐渐减缓，净利润明显不如前期水平，国家也支持淘汰一些产能落后的中小型企业，这些小型民营企业为了避免淘汰，顺应时势，也乐意被兼并。并购不只是财务方面的整合，还涉及企业文化等方面的整合，并购后的组织结构庞大复杂，本身就不利于管理，再加上国有大型企业本身就存在效率较低的问题，并购绩效不一定能尽如人意。而且有些钢铁企业并购后产权不够明晰，比如山东钢铁，虽然兼并了济南钢铁、金岭矿业等，但并没有整体上市，各个企业自主经营，这对于实现并购后资源协调和互补作用会有一定的影响。因此，钢铁企业的并购能否实现最终的目标，获得满意的效果，还需要进一步的观察和探讨。

并购究竟能否给企业带来较高的回报，获得超额收益，最终实现预期目标，国内外众多学者对此进行了大量研究。Healy 等（1992）选取美国 50 家发生大规模并购的企业数据，实证结果表明，由于资产运作水平较并购前得到改善，企业经营绩效有了较大幅度的提高，而绩效的提高和股东价值的增加密切相关。陈娟（2007）采用事件研究法和参数检验法，以 2004～2005 年中国上市公司中发生的 302 起并购交易进行实证研究，结果表明，在事件期内全部样本获得了显著的累积超额收益，并购事件的发生提高了公司绩效。

而在钢铁行业的实证研究中，王东杰（2005）分析了近年来国内钢铁行业横向并购的频繁发生的经济原因，但并没有从实证研究上证明其并购前后的绩效是否发生了变化。

李双杰、尹逊雅（2011）以 2006～2007 年发生并购的钢铁行业上市公司为研究对象，对其进行实证研究，得到并购对短期效率的提升起到积极作用。张彩江、乔云云（2012）选取 2008～2009 年我国钢铁行业 21 起并购事件，分别用事件研究法和财务指标分析法对并购前后的绩效进行实证检验，结果发现，我国钢铁行业并购重组后收购公司绩效短期内呈现负增长，但长期看呈现正增长。

第二节　实证过程

本章对钢铁行业并购重组战略的价值效应的评估以沪深股市的数据为基础，采用事件研究法来进行研究。

本章选取了 2004～2012 年钢铁行业上市公司针对其他企业发生的兼并收购活动研究样本 15 个，其中上海 A 股 8 家，深圳 A 股 7 家（见表 8－1）。各项数据借助国泰安 CSMAR 财经系列研究数据库直接导出得到。为了研究的科学性和严密性，对这些样本进行了逐一筛选剔除。

表 8－1　钢铁行业主并公司样本（2004～2012 年）

广钢股份（600894）	杭钢股份（600126）	首钢股份（000959）	南钢股份（600282）
常宝股份（002478）	莱钢股份（600102）	重庆钢铁（601005）	攀钢钒钛（000629）
三钢闽光（002110）	华菱钢铁（000932）	久立特材（002318）	方大特钢（600507）
新兴铸管（000778）	酒钢宏兴（600307）	新钢股份（600782）	

（1）第一阶段分析。从表 8－2 可以看出，在 ［－60，－31］ 窗口期，有 16/30 天数的平均超额收益率为负值，即有一半以上天数为负，且波动较大，每天的平均超额收益率

均值为负值。而累积超额收益率基本处在 0 附近，最高仅为
1.74%，最终只有 -0.82%。说明在此阶段，有部分人员虽
然可能已经知道将要并购的消息，但不认为并购能够大幅提
升企业的效率，是否能实现预期效益无法准确估计，对于并
购的态度并不乐观，处于观望阶段。

表 8 - 2　钢铁行业第一阶段的平均超额收益率和累积超额收益率

单位：%

天	AAR_1	CAR_1	天	AAR_1	CAR_1	天	AAR_1	CAR_1
-60	0.22	0.22	-50	-0.47	-0.51	-40	0.79	0.13
-59	-0.39	-0.17	-49	-0.20	-0.71	-39	1.04	1.17
-58	0.22	0.05	-48	0.59	-0.12	-38	-0.44	0.73
-57	0.02	0.08	-47	-0.40	-0.52	-37	0.03	0.77
-56	0.28	0.36	-46	0.81	0.30	-36	0.17	0.93
-55	-0.31	0.04	-45	0.20	0.50	-35	0.81	1.74
-54	-0.35	-0.31	-44	0.48	0.98	-34	-0.39	1.35
-53	-0.38	-0.69	-43	-0.61	0.37	-33	-0.55	0.80
-52	0.83	0.14	-42	-0.17	0.20	-32	-1.45	-0.66
-51	-0.18	-0.03	-41	-0.87	-0.67	-31	-0.17	-0.82

（2）第二阶段分析。从表 8 - 3 可以看出，在 [-30，
-1] 窗口期，有 17/30 天数的平均超额收益率为负值，比
第一阶段稍有增加，也是超过了一半的天数为负。标准差略
有下降，但下降幅度不大，表明第二阶段平均超额收益率的
变化幅度与第一阶段相比变化不大。此阶段每天平均超额收
益率的平均值为 0.01%，致使此阶段的累积超额收益率大
部分为正，但数额都很小，最高值仅达到 1.73%，且在临
近并购的 4 天内一直在下降，最终为 -0.62%。说明在此窗
口期内，投资者的态度并未比第一阶段有所好转，同样不看

好钢铁企业的并购事项，且在临近并购的几天内平均超额收益率和累积超额收益率均为负值，表明对于并购事项存有疑虑，持较为悲观的态度。

在并购公告日当天，平均超额收益率为 -0.32%，表明并购方公司股东不太认可并购事项，并不会获得正的超额收益。

表 8-3 钢铁行业第二阶段的平均超额收益率和累积超额收益率

单位：%

天	AAR_2	CAR_2	天	AAR_2	CAR_2	天	AAR_2	CAR_2
-30	-0.65	-1.47	-20	-0.37	0.04	-10	0.88	1.73
-29	-0.20	-1.67	-19	0.43	0.47	-9	-0.85	0.88
-28	-0.53	-2.20	-18	-0.04	0.43	-8	0.28	1.16
-27	1.58	-0.62	-17	0.13	0.56	-7	-0.19	0.97
-26	0.76	0.14	-16	-0.29	0.27	-6	-0.73	0.24
-25	0.02	0.16	-15	0.05	0.32	-5	0.24	0.48
-24	-0.11	0.05	-14	0.19	0.51	-4	-0.11	0.37
-23	0.38	0.43	-13	-0.11	0.40	-3	-0.39	-0.03
-22	-0.30	0.14	-12	-0.26	0.14	-2	-0.34	-0.37
-21	0.27	0.40	-11	0.70	0.85	-1	-0.26	-0.62

（3）第三阶段分析。从表 8-4 可以看出，在 [1, 30] 窗口期，有 20/30 天数的平均超额收益率为负值，为负值的天数继续上涨，在第 16~30 天内，仅有 1 天为正值，且每天的平均超额收益率均值变为负数，仅为 -0.14%，收益率的变化幅度（标准差）稍低于第一阶段，但要高于第二阶段。而累积超额收益率基本为负值，仅在第 13~15 天为正，之后呈快速下降趋势，最终为 -5.16%。说明并购方公司股东在合并日后并不看好公司并购后的前景，并购行为不仅未能提高企业效益，反而产生消极效应，致使股东利益受损。

表 8 - 4　钢铁行业第三阶段的平均超额收益率和累积超额收益率

单位：%

天	AAR_3	CAR_3	天	AAR_3	CAR_3	天	AAR_3	CAR_3
1	- 0.50	- 1.44	11	0.66	- 0.64	21	- 0.01	- 2.93
2	0.62	- 0.82	12	- 0.34	- 0.98	22	0.47	- 2.46
3	0.19	- 0.63	13	0.98	0.00	23	- 0.47	- 2.93
4	0.16	- 0.47	14	0.17	0.17	24	- 0.42	- 3.35
5	- 0.17	- 0.64	15	0.56	0.73	25	- 0.60	- 3.95
6	- 0.47	- 1.10	16	- 1.43	- 0.70	26	- 0.23	- 4.18
7	- 0.37	- 1.47	17	- 1.24	- 1.94	27	- 0.54	- 4.72
8	- 0.13	- 1.60	18	- 0.36	- 2.29	28	- 0.02	- 4.74
9	0.59	- 1.01	19	0.26	- 2.03	29	- 0.31	- 5.04
10	- 0.30	- 1.31	20	- 0.89	- 2.92	30	- 0.12	- 5.16

钢铁行业平均超额收益率和累积超额收益率在 [- 60，30] 的变化见图 8 -1、图 8 -2。

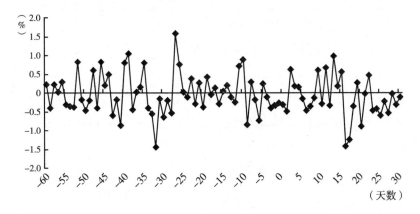

（天数）

图 8 - 1　钢铁行业平均超额收益率在 [- 60，30] 的变化

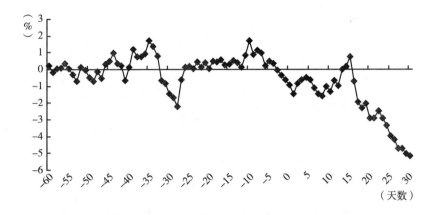

图 8 - 2　钢铁行业累积超额收益率在 [-60, 30] 的变化

（4）和同时期各行业并购平均超额收益率和累积超额收益率的比较。从图 8 - 3 可以看出，钢铁行业的平均超额收益率在 [-60, 30] 窗口期内的标准差比各行业总体要大，且除第二阶段标准差比各行业总体略低，第一和第三阶段都大于各行业总体，说明钢铁行业在并购前后波动幅度都较大。从图 8 - 4 可以看出，各行业总体累积超额收益率在 [-60, 30] 窗口期内呈逐渐上升趋势，最终达到 14.21%，显著大于 0，说明并购后大多数并购方公司股东比较认可并购行为，看好公司并购后的发展，能够获得较大的超额收益，而钢铁行业的累积超额收益率在并购公告日前期一直处于 0 附近，且最高不超过 1.74%，在公告日后，基本为负值，且有较为明显的下降趋势，最终为 -5.16%，说明钢铁行业的并购重组绩效与各行业并购后的总体上升趋势不符，不仅未能获得超额收益和提高企业的业绩，反而产生了消极后果。

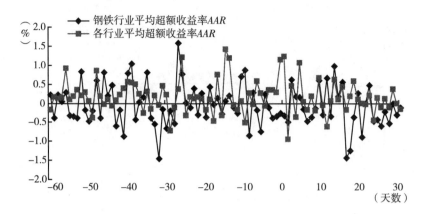

图 8 - 3　钢铁行业和同时期各行业的平均超额收益率
在［- 60，30］的变化比较

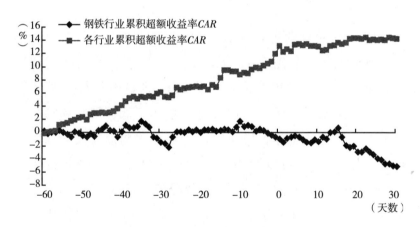

图 8 - 4　钢铁行业和同时期各行业的累积超额收益率
在［- 60，30］的变化比较

第三节　研究结论及启示

实证结论表明，我国钢铁行业 2004～2012 年并购方公司股东在并购前后 91 天的时间里获得的累积超额收益率只有 - 5.16%，甚至呈继续下降趋势，说明投资者对于钢铁行业并购重组事项不够认可,未给予积极评价,并不看好钢铁行业并购后的发展,并购事项未达到预期目标,并且出现了负面效应,绩效大幅下降。分析其原因,主要有以下几个方面。一是人员整合问题。企业的并购重组必然会对员工造成一定的影响,并购后的薪酬、工作岗位、责任义务、控制权等是否会发生变动对员工来说都是未知数,而被兼并企业的管理层人员和权利范围也必然都会有所变化,这就造成心理上的忧虑和抵触情绪,员工的工作积极性大受影响,甚至会消极怠工,不利于并购的进行,造成负面效应。二是文化整合问题。不同的企业有不同的价值观、企业精神、管理理念、结构制度等,重组初期必然会造成新旧文化的冲突,要被兼并企业接受并融入并购公司的文化需要长期的渗透。三是并购后组织规模扩大,管理和协调难度提升,不能有效增强企业的向心力和凝聚力,企业生产经营效率较低。四是由于企业整合过程本身存在问题,比如为了防止外资进入而在未准备好的情况下匆忙进行并购,缺少实施细则,致使并购后真正的整合进展较慢,还有些企业并购后仍采取各自为政的治理方式,减弱了优势互补的作用,短期内很难产生有效的协同效应。

总之,钢铁行业的并购重组并不尽如人意,不仅未能提高企业绩效,反而产生了消极效应,钢铁行业并购后的发展前景还有待考察。

主要参考文献

[1] 陈娟:《中国上市公司并购绩效的实证研究》,暨南大学

硕士学位论文，2007。

[2] 李景云：《钢铁企业并购重组整合的选择和思考》，《冶金经济与管理》2006 年第 3 期。

[3] 李双杰、尹逊雅：《中国钢铁业上市公司并购效率研究》，《价格月刊》2011 年第 4 期。

[4] 庞晓波、余燕妮：《基于面板协整理论分析企业并购绩效的微观因素》，《全国商情》（理论研究）2012 年第 14 期。

[5] 佘元冠、陶瑞：《中国钢铁企业的并购特点及绩效评估》，《经济纵横》2011 年第 4 期。

[6] 王东杰：《近年来国内钢铁行业横向并购的态势评析》，《学术论坛》2008 年第 10 期。

[7] 王峥：《钢铁企业并购重组若干问题探讨》，《企业研究》2011 年第 12 期。

[8] 张彩江、乔云云：《钢铁业上市公司并购的动因分析与绩效检验》，《财会月刊》2012 年第 3 期。

[9] Healy, P., Palepu, K. and Ruback, R., "Does Corporate Performance Improve after Mergers?", *Journal of Financial Economics*, 1992, 31 (2), pp. 135 – 175.

第九章
中国汽车行业主并公司
价值效应分析

　　企业并购的确是一种优化资源配置的方法，能够促进企业的成长和发展。在国际金融危机的大背景下，汽车行业也受到了严重的冲击，仅次于金融行业，美国汽车行业三巨头相继陷入财务危机，汽车行业的并购整合活动频频发生。在这种国际趋势下，我国出台了相应的政策促进行业内企业的并购重组，越来越多的汽车行业加入到并购的热潮中，试图通过并购活动提升企业的绩效，实现协同效应。

第一节　汽车行业并购研究背景和文献综述

　　随着汽车工业的日益壮大，汽车行业在国民经济中的地位越来越重要，对社会和经济的整体发展起着不可替代的作用。我国的汽车行业从 20 世纪 50 年代开始发展，经过几十年的成长，逐渐由弱变强，成为国民经济的支柱产业。1992

年，年产量首次达到 100 万辆。进入 21 世纪以来，我国的汽车行业更是蓬勃发展，对国民经济的拉动作用不容小觑。2000 年，全国汽车年产量达到 200 万辆；2002 年，破 300 万大关，达到 325 万辆；2004 年，我国汽车产量突破 500 万辆，跃居世界第四位。到 2009 年，我国汽车产销量首破 1000 万辆，产量 1379.1 万辆，销量 1364.48 万辆，同比增长 48% 和 46%，成为全球第一汽车生产和消费市场。2010 年，我国汽车产销量再创新高，分别达到了 1826.5 万辆和 1806.2 万辆，再次刷新纪录；2011 年，汽车市场继续增长，平均每月的产销量突破了 150 万辆，全年销量达到 1850 万辆，蝉联全球第一。

我国汽车行业的快速成长令世界瞩目，但仍存在许多问题亟待解决，如行业集中度比较低，核心技术及创新能力都急需提高，而面对竞争如此激烈的世界大势，兼并重组是企业提高核心竞争力，发展成为实力强大的国际型企业的必要途径。自 20 世纪 60 年代以来，汽车并购案频频发生，有成功也有失败，并购后的发展也各不相同。1964 年，大众收购了奥迪，这可以说是汽车业内最成功的一次收购。大众买下奥迪，主要是看中它的生产工厂，想用奥迪位于慕尼黑附近因戈尔斯塔特工厂生产"甲壳虫"，幸好有与中国全面合资生产时的大众集团总裁哈恩的坚持，才让奥迪继续留存下来。而自 20 世纪 80 年代开始，皮耶希开发出的全时四驱技术等一系列尖端技术让奥迪真正复兴。1989 年，通用斥资 30 亿美元收购萨博。但收购之前就没有提出充足的理由，收购之后也没有提出相应的发展计划，并不重视此项并购，一直到通用破产，萨博也没有为其赚取利润。因次贷危机而受到严重冲击的通用公司破产之时，《时代》杂志曾列出引发通用汽车破产的十大事件，萨博的收购事件位列其中，可见这的确是一项比较盲目的收购。1994年，宝马并购ROVER品牌，迷你和路虎也归了宝马，但后来宝马把ROVER和路虎两个品牌卖了，留下了迷你并投注大笔的经费对其进行研究开发，将老MINI停产，运用了更加新颖的设计和包装。数据显示，2008年前11个月，高品质小型车代表MINI COOPER的销量在当年美国汽车行业整体下降的趋势下逆市上涨了7.6%，可以说MINI是宝马集团下一个非常成功的子品牌。1999年，法国雷诺汽车集团以54亿美元的价格收购了日产汽车36.8%的股权，成为该公司的大股东，组建了雷诺日产联盟，在生产、采购和市场等方面优势互补，成功跻身世界前五大汽车集团，在经营业绩上取得了惊人的成就。

从20世纪90年代初期，国家就开始重视汽车行业的并购问题。1994年，国家颁布了《汽车工业产业政策》，提出国家将促进汽车工业投资的集中和产生的重组，鼓励汽车工业企业通过资产合并、兼并和股份制等形式发展跨部门、跨地区的企业集团，结合国有企业产权制度改革，加快企业公司制改造，建立现代企业制度，这是我国首次提出的汽车工业的产业政策。2009年，为了应对国际金融危机的影响，落实保增长、扩内需、调结构的总体要求，推动汽车产业升级，国家又提出了《汽车产业调整和振兴规划》，指出要通过兼并重组，形成2~3家产销规模超过200万辆的大型汽车企业集团，4~5家产销规模超过100万辆的汽车企业集团，产销规模占市场份额90%以上的汽车企业集团数量由目前的14家减少到10家以内。国家大力推进汽车产业重组，鼓励一汽、东风、上汽、长安等大型汽车企业在全国范围内实施兼并重组。支持北汽、广汽、奇瑞、重汽等汽车企业实施区域性兼并重组。支持汽车零部件骨干企业通过兼并重组扩大规模，提高国内外汽车配套市场份额。而《汽车业"十二五"规划（草案）》指出，我国汽车业要从过去的单纯的扩大规模向做强转变，将坚持市场为主导，鼓励具有比较优势的骨干企业，通过强强联合、兼并重组困难企业和落后企业，达到资源向优势企业集中，加快淘汰落后生产能力，提高产业集中度，未来计划形成 2 ~ 3 家产销规模超过300 万辆的大型汽车企业集团，4 ~ 5 家产销规模超过 150 万辆的汽车企业集团。

在国家各项政策的大力支持下，我国汽车业的并购重组步伐不断加快，产销规模也在整体提升。自 2000 年以来，并购事件频繁发生。2002 年，中国最大的汽车生产企业一汽集团入主中国最大的经济型轿车生产企业天津汽车。本次并购重组采取了股权转让的方式，天津集团将其持有的天津夏利股份有限公司 84.97% 股权中的 60%，即夏利公司总股本的 50.98% 股份转让给一汽集团。这是当时我国汽车工业发展史上最具影响力的重组，两大汽车集团优势互补，强强联合，一汽集团也开始正式进军低端家庭轿车市场。2005 ~ 2010 年，我国前 10 家汽车生产企业销量占汽车销售总量的比重从 83.7% 提高为 86.3%，而前 4 家企业销量占销售总量的比重从 56.6% 提高到 62.1%。广汽集团通过并购重组长丰汽车、浙江吉奥等企业，逐渐由一个地方性汽车企业，发展成为拥有 9 家整车制造企业，其中涵盖乘用车、商务车、汽车研发、零部件、汽车服务等完整产业链条的大型汽车企业集团。2004 年，上汽集团以 5 亿美元的代价收购了韩国双龙汽车 48.92% 股权。这是我国汽车企业首次成功并购国外同行业，但是其结果却不尽如人意。当初收购的目的是看中其技术价值，但收购后却始终没有成功国产化，同时遭遇国际金融危机的冲击和受全球汽车市场的冷淡的影响，双龙现金流枯竭，上海汽车最终决定放弃双龙的经营权。2007年，上汽又以600万英镑的价格购买了罗浮部分知识产权，成立了荣威，之后又推出了荣威550和750，运用其原有的研发技术并加以创新，逐渐把荣威变成现在我国一个形象和质量都信得过的优质品牌。同年，在国家有关部门的强力支持和推动下，上汽与南汽控股股东跃进集团正式签署合作协议，进行全面的整合，这可说是国内汽车业23年来最大的并购事件，是继2002年"天一合作"以来又一重大的并购事件，有利于形成品牌优势。对南汽来说，通过上南合作可以尽快解决资金困难的问题，促进各个项目的顺利进行；对上汽来说，通过资源共享和协同效应，更有利于其发展成为世界一流的大型汽车企业，带动我国汽车行业又好又快发展。而民营企业也一直在积极进行兼并重组方面的探索，2010年，吉利收购享有"世界上最安全的汽车"美誉的沃尔沃汽车公司，成为当年最令人瞩目的一次并购事件。比较来说，吉利汽车是国内一家一直在挣扎求生存的不具有太多优势的自主品牌，而沃尔沃则是在世界上享有盛誉的高端品牌，这次并购可说是蛇吞象的典型案例。吉利集团从自身发展战略的需要，学到了更加先进和专业的技术，开始进军高端车领域，同时也拥有了国际人才和国际资本，有利于推动其走向国际市场；对沃尔沃来说，2011年终于扭亏为盈，使得此项并购是有意义的，但被收购的沃尔沃能否得到消费者的广泛认同，这是以后要面对的重要问题。

　　我国汽车企业的并购活动之所以如此频繁，原因主要有以下几个。首先是发挥规模效应的作用。汽车行业是一个具有明显规模效益的行业，通过规模的增长可以带来成本的降低，进而提升企业的绩效。就我国来说，汽车行业企业的数量众多，各个企业都按自己的模式经营生产，造成集中度低，无法形成规模经济，对于行业的整体发展不利。而且不同的企业都有自己的优势所在，外形、质量、性能、安全性等方面都有一定的差别度，而开发新产品、开拓新市场的成本较高，通过并购可以运用该品牌原有的顾客群和市场，以较低的成本实现产品的扩充和规模的扩张，增加市场占有率，拥有更多的消费者。其次，获取核心技术。通过并购可以整合企业各方面的资源，形成研发、制造、销售、服务等方面的一条完整的产业链。随着竞争愈加激烈，要想在国际市场上占有一席之地，就必须通过并购实现资源整合，提高配置效率，获得被并购企业的知识产权和核心技术，用于开发新的高端车型、弥补原来落后的方面。例如，吉利并购沃尔沃后，根据双方签订的技术合作协议，吉利得到了沃尔沃的三项重要的核心技术，包括中级车平台、久经考验的安全性创新技术以及车内空气质量控制系统，后面的两项技术可以帮助吉利提高其安全性和保障车内环境的舒适程度，有利于吉利集团进入高端车领域的发展。最后，国家政策的大力支持。近些年，国家大力支持汽车企业重组，为企业的并购和发展创造有利的环境，希望资源向优势企业集中，尽快淘汰落后产能，提高产业集中度。如今，全球的汽车行业竞争异常激烈，要想在竞争中获得收益，必然要有强大的实力，只靠自己的实力成长为纵横国际的大企业的公司还是较少的，兼并重组则是快速扩张的有效手段。国内比较著名的并购事件政府在其中都起着重要的推手作用，比如天一合作、上南合作、吉利并购沃尔沃等。而兼并重组主要有两种方式：一是强强联合，二是优势企业兼并落后企业。就汽车业来说，很多人士认为强强联合更有意义，因为一些落后企业的设备基本上不能用了，兼并收购这些企业并不能有效地进行资源优化，对并购方反而是一种拖累，而且汽车行业一直处于上升期，发展快速，许多落后企业资金短缺等压力也得到缓解，不利于"大鱼吃小鱼"，强强联合更有利于资源的集中。但这两种并购方式实际上是并存的，即使落后企业也有其相对有利的优势，比如地域、市场等。

但并购后也面临很多问题。各个品牌之间如何协调发展，如何整合两个企业的资源等，并购能否带来较高的回报，是利大于弊还是弊大于利，能否获得显著大于零的超额收益，都需要从多方面考虑。国内外的众多学者对此进行了大量的研究，主要涉及动因、绩效等。Ravenscraft 和 Sherer（1987）对 1950～1977 年的 471 家收购公司进行研究，得出结论，收购公司的赢利水平低于对照企业的 1～2 个百分点，并且此差异在统计上显著的。Kaplan（1989）研究了1980～1986 年的 48 家公司在收购后经营业绩的变化，表明经营收益自并购后三年增长了 42%。Ghosh（2001）认为公司的绩效应该与其规模相同的公司做比较，因此他研究了 1981～1995 年具有同等规模的公司的并购事件，发现并购后公司的绩效并没有得到显著增加。李心丹、朱洪亮、张兵（2003）采用数据包络分析法研究了 1998 年股东发生变化的 49 例上市公司在股东变化前三年和后四年的平均绩效值，发现有 57.1% 的公司绩效提高了。陈晋平（2004）改进了事件研究的具体方法，通过对 1996～2000 年沪深两市 205例控制权转移事件的研究，发现控制权转移的确能够带来目标公司市场价值的显著增加。

就汽车行业并购来说，贺杰（2009）通过对我国汽车行业发展现状的分析，得出规模经济对汽车产业的并购发展有促进作用。郑华星（2011）以 2002～2006 年发生并购的汽车行业上市公司为样本，采用因子分析法进行实证研究，分析上市公司发生并购后三年内的变化，得出绩效先上升后下降的结论。

第二节 实证过程

本章对汽车行业并购重组战略的价值效应的评估以沪深股市的数据为基础，采用事件研究法来进行研究。

本章选取了 2008～2012 年汽车行业上市公司针对其他企业发生的兼并收购活动研究样本 12 个，其中上海 A 股 8 家，深圳 A 股 2 家，中小板股票 2 家（见表 9-1）。各项数据借助国泰安 CSMAR 财经系列研究数据库直接导出得到。为了研究的科学性和严密性，对这些样本进行了逐一筛选剔除。

表 9-1 汽车行业主并公司样本（2008～2012 年）

长安汽车（000625）	迪马股份（600565）	东安黑豹（600760）	东风汽车（600006）
华域汽车（600741）	金杯汽车（600609）	金龙汽车（600686）	晋西车轴（600495）
京威股份（002662）	万 里 扬（002434）	新 大 洲（000571）	宇通客车（600066）

（1）第一阶段分析。从表 9-2 可以看出，在 ［-60，-31］ 窗口期，有 19/30 天数的平均超额收益率为负值，即有接近 2/3 的天数为负，每天的平均超额收益率均值为负数，变化幅度（标准差）为 0.0068，而累积超额收益率全

部为负值，最高时也只有 -0.08% ，最终为 -5.70% ，且从第 -42 天到第 -31 天就基本呈下降的趋势。说明在此阶段，一部分人员虽然可能已经知道将要并购的消息，但对于并购很不看好，认为收益不大，不能提高企业绩效，原因可能是认为并购后成本并不会大幅下降，没有规模效应优势等，态度比较悲观。

表 9 - 2　汽车行业第一阶段的平均超额收益率和累积超额收益率

单位：%

天	AAR_1	CAR_1	天	AAR_1	CAR_1	天	AAR_1	CAR_1
-60	-1.53	-1.53	-50	-0.68	-0.76	-40	-0.61	-2.28
-59	-0.36	-1.89	-49	-1.09	-1.85	-39	0.30	-1.98
-58	-0.14	-2.03	-48	0.29	-1.56	-38	0.18	-1.80
-57	-0.08	-2.11	-47	-0.18	-1.74	-37	-0.75	-2.55
-56	-0.13	-2.24	-46	-0.76	-2.50	-36	-0.36	-2.91
-55	-0.32	-2.56	-45	-0.02	-2.52	-35	-1.22	-4.13
-54	0.32	-2.25	-44	0.87	-1.65	-34	0.51	-3.62
-53	0.66	-1.59	-43	-0.05	-1.70	-33	-1.84	-5.46
-52	0.34	-1.25	-42	0.39	-1.31	-32	-0.50	-5.96
-51	1.17	-0.08	-41	-0.36	-1.67	-31	0.26	-5.70

（2）第二阶段分析。从表 9 - 3 可以看出，在 [-30，-1] 窗口期，有 16/30 天数的平均超额收益率为负值，比第一阶段稍有减少，但仍超过了一半天数为负。标准差稍有下降，表明第二阶段平均超额收益率与第一阶段的变化幅度相差不大，而累积超额收益率只有一天为正，其余全为负值。此阶段每天平均超额收益率的平均值为 0.06% ，致使累积超额收益率在 [-30，-8] 期间大致呈上升趋势，但依然为负值，最高仅为 0.31% ，之后开始出现下降趋势，

最终为 -3.90%。说明在此窗口期内，投资者的态度依然较为悲观，在合并日的前 5 天内，平均超额收益率均为负值，可见股东对于并购事项存有较大疑惑，不太赞成此项并购。

表 9 - 3　汽车行业第二阶段的平均超额收益率和累积超额收益率

单位：%

天	AAR_2	CAR_2	天	AAR_2	CAR_2	天	AAR_2	CAR_2
-30	-0.09	-5.79	-20	-0.01	-5.26	-10	0.64	-2.32
-29	0.42	-5.37	-19	-0.15	-5.41	-9	0.79	-1.53
-28	0.21	-5.17	-18	0.31	-5.10	-8	1.84	0.31
-27	-0.35	-5.51	-17	0.46	-4.64	-7	-0.90	-0.59
-26	-0.01	-5.52	-16	0.13	-4.50	-6	0.21	-0.38
-25	0.46	-5.06	-15	0.71	-3.80	-5	-0.97	-1.34
-24	-0.18	-5.24	-14	0.85	-2.94	-4	-0.49	-1.84
-23	0.25	-4.99	-13	-0.37	-3.31	-3	-1.39	-3.23
-22	-0.20	-5.20	-12	0.41	-2.91	-2	-0.06	-3.29
-21	-0.06	-5.25	-11	-0.06	-2.96	-1	-0.61	-3.90

在并购公告日当天，平均超额收益率为 1.79%，是并购前后91天内第二大的数值，表明并购方公司股东在并购当天态度还是比较积极的，在当天可以获得超额收益。

（3）第三阶段分析。从表 9 - 4 可以看出，在 [1, 30] 窗口期，有 17/30 天数的平均超额收益率为负值，为负值的天数比上一阶段稍有上涨，且每天的平均超额收益率均值变为负数，仅为 -0.14%，收益率的变化幅度（标准差）均低于前两个阶段，在这个窗口期内所有的平均超额收益率数值均低于并购日当天。而累积超额收益率均为负值，且大体呈现下降趋势，最终为 -6.42%。说明并购方公司股东在合并日后对于此并购事项依然持较为悲观的看法，并购不仅未带来积极后果，反而产生了消极作用，引起企业效益的大幅下降，很难改善企业绩效。

表9-4　汽车行业第三阶段的平均超额收益率和累积超额收益率

单位：%

天	AAR_3	CAR_3	天	AAR_3	CAR_3	天	AAR_3	CAR_3
1	-0.20	-2.31	11	-0.85	-5.46	21	-0.15	-4.56
2	-0.56	-2.87	12	0.47	-4.99	22	-0.44	-5.01
3	-0.58	-3.45	13	0.32	-4.66	23	-0.06	-5.07
4	0.36	-3.09	14	0.38	-4.28	24	-0.95	-6.03
5	-0.11	-3.21	15	0.45	-3.84	25	-0.82	-6.85
6	0.01	-3.19	16	-0.59	-4.42	26	0.38	-6.47
7	-0.18	-3.37	17	0.04	-4.38	27	-0.53	-6.99
8	0.00	-3.37	18	0.58	-3.81	28	0.30	-6.69
9	-0.26	-3.63	19	0.02	-3.79	29	0.43	-6.26
10	-0.98	-4.61	20	-0.62	-4.41	30	-0.16	-6.42

　　汽车行业平均超额收益率和累积超额收益率在 ［-60，30］ 的变化见图9-1、图9-2。

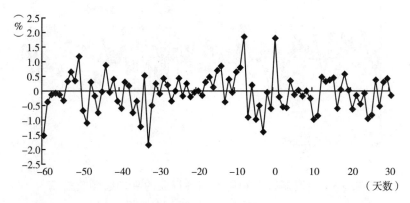

图9-1　汽车行业平均超额收益率在 ［-60，30］ 的变化

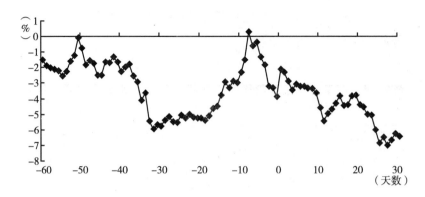

图 9 - 2   汽车行业累积超额收益率在 [- 60, 30] 的变化

（4）和同时期各行业并购平均超额收益率和累积超额
收益率的比较。从图 9 - 3 可以看出，汽车行业的平均超额
收益率在 [- 60, 30] 窗口期内的均值为负值，而标准差
比各行业总体要大，且在三个窗口期内标准差都大于各行业
总体，可见汽车行业在并购前后波动幅度都较大。从图 9 - 4
可以看出，各行业总体累积超额收益率在 [- 60, 30] 窗口

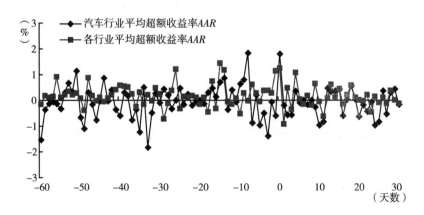

图 9 - 3   汽车行业和同时期各行业的平均超额收益率
在 [- 60, 30] 的变化比较

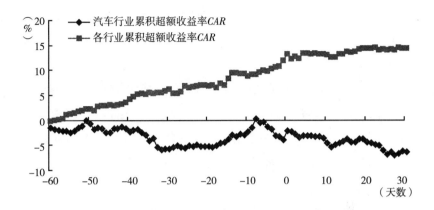

图 9 - 4　汽车行业和同时期各行业的累积超额收益率
在 [- 60, 30] 的变化比较

期内逐渐上升，最终达到 14. 21% , 显著大于 0 , 说明并购
后大多数并购方公司股东认为并购后的发展前景很好，能够
获得超额收益，但汽车行业的累积超额收益率在 [- 60,
- 30] 窗口期内基本为负值，只有一天为正，即使有所上
升，幅度也比较小，而且自并购日起基本呈下降趋势，最终
为 - 6. 42% , 说明汽车行业并购重组绩效远远达不到各行业
总体平均值的水平，甚至与各行业总体上升的趋势相反，并
购对于汽车行业的绩效产生了不利的影响因素，无法获得预
期的超额收益，达到合理配置资源的效果。

第三节　研究结论及启示

实证结论表明，我国汽车行业 2008 ~ 2012 年并购方公
司股东在并购前后 91 天的时间里获得的累积超额收益率与
同时期其他行业相比很差，不仅没有显著大于 0 , 反而为负
值，累积超额收益率只有 - 6. 42% 。说明并购方公司股东对

于汽车行业的并购重组事项并未给予积极评价，反而认为并购事项会产生消极影响，并没有实现较高的超额报酬和最初的并购目标。

综合分析汽车行业发生并购后绩效却没有达到应有的水平，其原因主要包括并购前、中、后期出现的不利因素。例如，并购前并未做好充分的准备工作，制定科学的战略规划；并购中未注意财务风险、信息不对称等风险；并购后对于优势资源及公司在文化、技术、管理、人力资源等方面的整合工作没有做好。首先，针对并购前的各项问题，进行谨慎分析是必要的一个步骤。要仔细分析企业本身有哪些优势资源，明确市场定位，并购是否会对现有产品产生不利影响。还要分析企业自身拥有的财务资源，看其财力能否支持整个并购事项的完成，以免因财力问题而使企业并购失败。对于被并购企业也要进行分析，看其财力、管理水平、技术水平、文化差异等，减少并购失败的可能性，就像上汽收购双龙，最后以失败收场，很大一个原因就是文化差异过大。其次，要重视并购中出现的各项问题，不能盲目收购，认为只要并购就可以扩大企业规模，降低成本，实现规模效益。并购企业要尽力找到目标企业的实际价值，对其进行专业合理的估值，并且在筹集资金的过程中要充分利用各种渠道。就借款来说，在并购期内要将支付的资金与借款资金的种类相匹配，提高资金使用效率，减少并购成本支出。最后，要看重并购后企业的整合问题。企业并购之所以绩效达不到目标，最重要的就是不重视并购后的整合问题。第一，文化整合。只要是并购就一定会涉及文化整合的问题，各个企业都有自己的发展背景、地域差异、管理模式等，并购企业和被并企业的文化必然会有差异，产生一定的冲突，需要进行协调，进而使得企业文化被认同。而文化的整合主要分为注入式整合、渗透式整合和分隔式整合。注入式即用并购方的企业文化取代被并购方原有的文化。采取这种方式的原因主要是被并购企业原有的文化比较弱，并购方的文化比较强势。但注入式整合比较激烈，容易引起被并购公司员工的抵触情绪，整合风险比较大。渗透式整合也就是融合式整合，即相互渗透、取长补短，通过强强联合的方式扩大经营规模，提高行业的集中度。这种方式比较温和，阻力比较小，容易让员工接受，比较适合双方实力都比较强劲的情况，在文化上都有自己的优势所在，虽然有一定的差异，但可以通过相互渗透达到双赢的效果。分隔式整合即双方文化都非常优秀，并购后互不干扰，保持各自的文化更有利于企业经营和发展。这种方式比较适合于跨国并购等双方文化差异特别大的情况。在差异很大的情况下，完全消除被并购方的文化是很困难的事，即使逐渐渗透所需要的成本也较大，且需要耗费的时间很长。就上汽并购双龙这个案例来说，最终以失败告终，最大的原因就是文化整合没有做好。第二，人力资源整合。企业发生并购之后，员工由于岗位、薪酬等方面的不确定性会产生一定的焦虑感，认为并购会损害自己的既有利益，对于并购行为态度上会比较抵触，工作热情和积极性都会受到打击，团队精神也会受到影响，严重时甚至会引起罢工，产生一系列消极因素，不利于企业的生产经营，影响企业的绩效。尤其是企业的高级管理人员和核心技术人员，他们对于企业的价值非常重要，对于他人的影响力也比一般员工强。要减少这部分人员的流失率，并购前后要加大宣传力度，加强沟通，以免信息不对称引起的恐慌。第三，技术整合。即将被并购企业的核心技术与并购方进行整合，提高企业的研发和生产能力。对于汽车行业来说，并购主要就是为了获取高端的技术或进军原来未涉及的领域，如吉利通过并购就获取了沃尔沃的三项核心技术，但得到只是第一步，把其应用于生产经营过程中才更重要，运用新技术并结合企业原有的优势加大对新产品的研究开发，保证产品质量，获得消费者的认同，扩大市场占有率。技术整合中要重视技术人员，他们掌握着企业的核心资源，要在并购后减少他们的排斥心理，尽快融入新的环境和工作。

总之，汽车行业的并购结果并不尽如人意，绩效较差，且有持续恶化的趋势。并购不仅没有提升企业的效益，获得超额报酬，反而带来了消极后果。因此应该仔细分析并购并未成功的原因，针对其进行整改，最终提高汽车行业的并购绩效，同时真正增强企业的核心竞争力，达到预期目标。

主要参考文献

［1］陈晋平：《买壳上市框架内的控股权转移：理论与实证》，中国人民大学博士学位论文，2004。

［2］贺杰：《从规模经济谈我国汽车企业的并购发展》，《内蒙古农业大学学报》（社会科学版）2009 年第 4 期。

［3］兰小：《我国汽车行业上市公司并购绩效研究》，西南大学硕士学位论文，2011。

［4］李四海、尹璐璐：《中国汽车企业跨国并购整合风险分析》，《会计之友》2011 年第 11 期。

［5］李心丹、朱洪亮、张兵等：《基于 DEA 的上市公司并购效率研究》，《经济研究》2003 年第 3 期。

［6］孙龙林：《中国汽车企业海外并购的机遇和风险》，《汽车工业研究》2010 年第 8 期。

［7］郑华星：《我国汽车行业并购绩效评价研究》，天津财经大学硕士学位论文，2011。

［8］周伟力：《那些成功或失败的汽车并购》，《中国汽车界》2011 年第 9 期。

［9］Ghosh A. , "Does Operating Performance Really Improve Following Corporate Acquisitions", *Journal of Corporate Finance*, 7, 2001, pp. 151 – 178.

［10］Kaplan, "The Effect of Management Buyouts on Operating Performance and Value", *Journal of Financial Economics*, 24, 1989, pp. 217 – 254.

［11］Ravenscaft, Sherer, *Mergers*, *Sell-offs and Economic Efficiency*, Washington：Brooking Institute, 1987.

第十章
中国石油行业主并公司
价值效应分析

世界 500 强企业中，大多数都是经过不止一次的兼并整合而发展起来的，并购是企业做大做强的一个有效手段和必要措施。美国诺贝尔经济学奖获得者斯蒂格勒曾经说过："没有一个美国知名的大公司不是通过某种程度、某种形式的兼并而成长起来的。"可见并购重组是增强一个企业核心竞争力的客观要求。对于石油行业来说，外部环境比较严峻，大量中小型企业经营不善面临关闭的威胁，将是大型油企的并购目标，而且并购也是中国企业参与国际油气合作的重要方式。

第一节　石油行业并购研究背景和文献综述

石油在国民经济中占据着不可替代的战略地位，其对其他部门的发展有一定的拉动作用，是影响经济发展的重要因素之一。20世纪90年代以来，西方大型的石油企业纷纷通过兼并重组等手段提高企业规模和实力，降低企业成本，增强企业国际竞争力和市场占有率。

1999年，美国最大的石油公司埃克森公司以738.5亿元收购了美孚公司，合并为埃克森美孚公司，扩大了其生产规模，成为世界第一大石油公司，在全球位于行业领先地位。2010年，埃克森美孚公司又花费410亿美元收购美国著名的天然气开采企业XOT能源公司，进一步扩大其在天然气领域的份额。

并购一直是英国石油公司（BP）所倚重的一项重要的发展策略。自1986年起，BP成立了并购部，并购热潮拉开序幕。BP在1998年和1999年分别斥资620亿美元和268亿美元与阿莫科、阿科进行整合重组，形成现在世界上最知名的石油化工企业之一。2011年，BP又以6.8亿美元收购了巴西燃料乙醇生产企业CNAA 83%的股份，扩大了其在生物燃料领域的规模。

壳牌公司是世界著名的跨国石油企业，2012年荣登世界500强榜首的位置。而在20世纪末至21世纪初，壳牌公司拒绝进行大规模的兼并重组活动，大多进行的是中小规模的并购，致使在2004年爆发了"油气储量更正风波"。之后，壳牌开始加大并购力度。2008年，其投资120亿美元与巴西Cosan公司成立合资企业Raizen，大量提升公司的乙醇生产能力；2012年7月，又宣布以7400万美元收购挪威液化天然气公司Gasnor AS 95.9%的股份，进一步巩固了壳牌公司在液化天然气市场的地位。

2001年，美国联邦贸易委员会批准雪佛龙以350亿美元收购了德士古公司，成为当时世界上的第四大上市石油公司。2005年，雪佛龙德士古公司以164亿美元成功收购美国石油储量排名前十的Unocal石油公司，并购后使得雪佛龙公司的油气储量增加了16%。2011年，雪佛兰以43亿美元收购了美国著名的独立页岩气生产商Atlas Energy公司，开始进军美国东部丰富的天然气油田。

近年来，中国石油行业掀起了并购的热潮，试图通过并购增强企业的国际竞争力。其中，既有涉及多个国家的大型跨国并购，也有对国内中小型企业的并购。虽然在海外并购中遭遇一定的阻碍，但是也逐步取得了胜利的果实。

从1992年起，中央就明确提出"要充分利用国内外两种资源，两个市场"的中国石油工业的发展战略方针，要求中国在海外必须有稳定可靠的石油生产和供应基地。1993年，中国石油天然气总公司中标秘鲁塔拉尔第六、七区服务项目，这是中国石油企业开始走出国门的第一项重要举措。2002年，中国石油斥资2.16亿美元收购了Devon Energy公司在印度尼西亚的油气资产，拥有了1.06亿桶当量已探明储量和4700万桶当量可能储量的权益。此项目完工以后，中石油成为6个油气产品分成合同中5个的独家作业者。2003年5月，中海油以3.48亿美元与澳大利亚西北大陆架天然气项目（NWS）原股东签署协议，取得了西北大陆架天然气项目内新组建的中国液化天然气合资实体（CLNGJV）25%的股权。液化气是未来最具潜力的能源，中海油以较为低廉的价格完成收购，可是说是广受赞誉。2007年，中石油成功完成对哈萨克斯坦国家石油公司（PK）67%股权的收购，这次并购案可说是一波三折，但最终还是以41.8亿美元的价格胜利落幕。PK是一家集生产和开发一体化的综合能源公司，此次并购是当时我国最大的能源海外并购案。从此开始，我国在中亚能源这个领域可说有了一定的战略主动性。自 2008 年起，我国石油企业的海外收购更加活跃。仅 2008 年就完成了 5 项收购，涉及金额达 50 亿美元。2009 年，中国石油企业成功进行了 11 次收购，涉及金额约 160 亿美元，并且成功进入了中东市场。2009 年 6 月，中石化花费 70 亿美元成功收购瑞士的 Addax Petroleum 公司；7 月，中石化和中海油以 13 亿美元联合收购马拉松石油公司下属马拉松安哥拉 32 区块 20% 的权益，中石油也成功地进行了对新加坡石油公司、日本大阪炼厂以及曼格什套油气公司等项目的收购活动。2010 年，中石油与加拿大阿萨巴斯卡油砂公司签署文件，花费 17 亿美元获得了其两个油砂项目 60% 的开采权；2010 年 8 月，中石油与壳牌合资以 35 亿澳元的价格收购了澳大利亚煤层气公司箭牌能源的全部股权，成功进入海外煤气层业务；中海油以 31 亿美元获得阿根廷第二大油气生产商 PanAmerican 20% 的股权；中石化也投入 71 亿美元收购了西班牙大型石油公司 Repsol 在巴西当地企业 40% 的股权。2011 年，中国十大并购案中有 5 项涉及石油业。其中，中石化获得 Galp 巴西公司及对应的荷兰服务公司 30% 的股权，将获得其分布在巴西海上和陆上的 7 个盆地共 25 个许可证，33 个区块中持有不同比例的权益，并担当其中陆上 8 个区块的作业者；中国海洋石油总公司投入 21 亿美元并购加拿大油砂开发商 OPTI。而在 2012 年的 12 月 7 日，中海油对于尼克森公司的收购申请获得了加拿大政府的批准，其将以 151 亿加元的价格完成该项收购。

在跨国并购如火如荼开展的同时，国内石油企业的并购也在不断开展。2001 年，中石化以 91 亿元的价格收购了新星石油公司，开拓了上游发展空间，改善了其资源不足的状况，提高了企业的核心竞争力。2005 年，中石化以 76 亿元的价格用吸收合并的方式收购了炼油能力居全国首位的镇海炼化，解决了镇海炼化绩优变亏损的尴尬局面，整体实现了高赢利。2006 年，中石化又斥资 143 亿人民币收购了石油大明、扬子石化、齐鲁石化及中原油气的全部流通股和非流通股，提高了集团的管理效率。2009 年，中海石油宁波大榭石化有限公司收购浙江地炼企业舟山和邦化学有限公司全部股权，开始施行炼油精细化，弥补了炼化板块的缺口。2011 年，陕西省的国有龙头企业延长石油集团并购重组了陕北 7 家兰炭企业，调整了产业结构，带动了地方经济的发展，预期此项并购后产值将达到 30 亿元。

我国石油企业并购的强劲增长势头一直在持续中，各项政策也相继出台支持石油业的并购重组活动。国际经济一体化和国内市场经济的逐步完善都为我国石油企业进行并购重组提供了良好的外部环境。国家战略和各项方针政策也不断引导着石油业的蓬勃发展。2005 年提出我国石油发展战略的目标，到 2020 年，在保障石油安全的前提下，力争以石油供应翻一番来满足国民经济翻两番的要求。《石油和化学工业"十二五"发展指南》中也明确提出"十二五"行业发展的战略目标，包括保持平稳较快发展、自主创新能力显著增强、产业结构明显优化、节能环保跃上新台阶、质量品牌竞争力明显提升、本质安全水平大幅提高六个方面。具体来说就是，"十二五"期间，行业保持平稳较快增长，行业总产值年均增长 10% 以上。到 2015 年，行业总产值达到 15 万亿元。这就给我国的石油企业并购带来巨大的推动力。国家给予大量政策和法律法规支持，而且大型石油企业的收益较高，信誉很好，在贷款时银行也会给予一定程度的优惠，以较低利率获得大量资金。而要想实现跨越式发展，形成具有国际竞争力的综合性大型企业集团，必不可少的就是兼并重组，通过前向一体化、后向一体化等实现一条龙服务。首先，要整合国内资源，完善国内的能源结构，从开采、运输、加工等过程全面改善发展形势，拓展发展空间，优化产业结构，增强传统产业的优势地位，提升产业集中度，进行精细化和专业化的生产；其次，大量获取国外的油气资源，加大并购力度，积极参与国外各项油气资源的开发和合作，以保持稳定的油气资源供应，缓解国内的资源供需矛盾。

石油行业是一个高风险的行业，业务复杂。我国石油上市企业的并购动机总体来说主要有以下几个方面。首先，扩展规模的需要。只靠企业自身来扩大固定投资以达到规模扩张的目的是不现实的，要想达到规模经济，兼并收购是最有效的方式，尤其是对石油这样的大型企业来说，并购可以使得企业资本迅速增加，集中度大大提高。其次，实力雄厚的大型石油公司才有更多的资本来开发和应用先进的技术，降低勘探及加工成本，提高资源利用率，降低浪费和泄漏等问题的发生率，并且通过前向和后向一体化可以减少相关交易费用、销售费用等，使得各阶段发生的生产经营活动能够顺利的衔接，保证了生产和销售的整体性和连续性，降低各项成本，为企业创造更多的利润，促进行业的整体进步。最后，有利于扩大市场占有率和实现多元化经营。并购可以使得主并公司保持自己在市场上的地位，快速开拓新市场，提高市场份额，也可以使较弱势的中小型企业获得资金技术支持，免于被淘汰甚至破产。并且通过并购可以实现多元化经营，较快进入原来从未涉及的市场领域，降低进入新市场所需要的开发成本、拓展费用等，多元化经营还可以避免企业"把鸡蛋都放到同一个篮子"所带来的风险，发挥各项资源协调互补的优势，多方面扩展企业的实力。

并购究竟能否给企业带来较高的回报，实现获得超额收益的最终预期目标，国内外众多学者对此进行了大量研究。麦肯锡公司在 2003 年的调查研究中发现，并购成功的只有23%，而失败的比例却高过61%，而多数并购失败的原因是整合的失败。而广大证券 2010 年提出的资料也显示并购重组的失败率高达70%。Frank 和 Harris（1989）对 1955～1985 年 1800 多起英国公司参与的并购事件进行研究发现并购事件期（并购前 4 个月至并购后 1 个月），目标公司股东获得了25%～30%的超额收益率。而在石油企业的实证研究中，黎喻鹤（2005）年对国有大型石油企业的并购活动进行了探究，认为并购是国有企业成为具有核心竞争力的国际大型企业集团的客观要求，但实施时要注意策略方法，并从宏观角度提出了石油企业并购的几点建议。周新军、王敏（2010）对石油企业海外并购绩效进行了评估，认为中国石油企业的业绩表现与它们在海外并购有着很强的关联性，可以提高企业的营业收入，指出未来石油行业的并购趋势主要是调整并购市场，寻找同盟并且要开始进行延伸并购。王雪飞（2011）选取 1998～2008 年发生的部分上市石油企业并购案例，运用因子分析法，比较规模型并购、功能型并购和产业型并购前后绩效的变化，得出并不是所有的并购都能带来企业绩效最终提升的结论。

第二节　实证过程

本章对石油行业并购重组战略的价值效应的评估以沪深股市的数据为基础，采用事件研究法来进行研究。

本章选取了 2008～2012 年石油行业上市公司针对其他企业发生的兼并收购活动研究样本 9 个，其中上海 A 股 7 家，深圳 A 股 1 家，创业板 1 家（见表 10 - 1）。各项数据借助国泰安 CSMAR 财经系列研究数据库直接导出得到。为了研究的科学性和严密性，对这些样本进行了逐一筛选剔除。

表 10 - 1　石油行业主并公司样本（2008～2012 年）

中国石油（601857）	中海油服（601808）	安泰集团（600408）	宝 泰 隆（601011）
大元股份（600146）	丹化科技（600844）	恒泰艾普（300157）	天利高新（600339）
国际实业（000159）			

（1）第一阶段分析。从表 10 - 2 可以看出，在［- 60，- 31］窗口期，有 15/30 天数的平均超额收益率为负值，即有一半天数为负。每天的平均超额收益率均值为负数，但波动较小。而累积超额收益率自第 - 46 天开始就为负值，最低时为 - 2.87%，最终只达到 - 1.11%。说明在此阶段，有部分内部人员虽然可能已经知道将要并购的消息，但对于并购不是很看好，认为其不能降低企业的各项成本，大幅提高企业的经营绩效，增加资源配置效率，态度比较悲观。

表 10 – 2　石油行业第一阶段的平均超额收益率和累积超额收益率

单位：%

天	AAR_1	CAR_1	天	AAR_1	CAR_1	天	AAR_1	CAR_1
– 60	1. 27	1. 27	– 50	0. 98	0. 20	– 40	– 0. 12	– 2. 45
– 59	0. 17	1. 44	– 49	– 1. 17	– 0. 96	– 39	0. 77	– 1. 68
– 58	– 0. 89	0. 56	– 48	0. 34	– 0. 62	– 38	0. 44	– 1. 24
– 57	– 0. 42	0. 13	– 47	0. 68	0. 05	– 37	– 0. 29	– 1. 53
– 56	0. 11	0. 25	– 46	– 0. 90	– 0. 85	– 36	– 0. 23	– 1. 76
– 55	– 0. 54	– 0. 29	– 45	0. 10	– 0. 75	– 35	– 0. 57	– 2. 33
– 54	0. 72	0. 43	– 44	– 0. 98	– 1. 73	– 34	– 0. 10	– 2. 43
– 53	– 0. 20	0. 23	– 43	– 1. 14	– 2. 87	– 33	0. 26	– 2. 17
– 52	– 0. 21	0. 02	– 42	0. 15	– 2. 72	– 32	0. 52	– 1. 66
– 51	– 0. 80	– 0. 78	– 41	0. 39	– 2. 33	– 31	0. 55	– 1. 11

（2）第二阶段分析。从表 10 – 3 可以看出，在 ［ – 30，– 1］ 窗口期，有 14/30 天数的平均超额收益率为负值，比

表 10 – 3　石油行业第二阶段的平均超额收益率和累积超额收益率

单位：%

天	AAR_2	CAR_2	天	AAR_2	CAR_2	天	AAR_2	CAR_2
– 30	– 0. 29	– 1. 39	– 20	– 0. 01	– 5. 39	– 10	2. 39	0. 07
– 29	– 0. 42	– 1. 82	– 19	0. 37	– 5. 02	– 9	1. 23	1. 31
– 28	0. 72	– 1. 10	– 18	0. 60	– 4. 42	– 8	1. 05	2. 35
– 27	– 0. 66	– 1. 76	– 17	1. 21	– 3. 21	– 7	0. 61	2. 96
– 26	0. 81	– 0. 95	– 16	1. 46	– 1. 75	– 6	0. 83	3. 79
– 25	– 0. 68	– 1. 63	– 15	0. 16	– 1. 59	– 5	– 0. 24	3. 56
– 24	– 0. 57	– 2. 20	– 14	– 0. 78	– 2. 37	– 4	– 0. 61	2. 95
– 23	– 0. 39	– 2. 59	– 13	– 0. 20	– 2. 57	– 3	– 0. 01	2. 93
– 22	– 1. 91	– 4. 50	– 12	0. 21	– 2. 36	– 2	1. 85	4. 79
– 21	– 0. 88	– 5. 38	– 11	0. 05	– 2. 31	– 1	0. 07	4. 86

第一阶段稍有减少。标准差提高，表明第二阶段平均超额收益率比第一阶段的变化幅度大，但此阶段每天平均超额收益率的平均值为0.2%，致使此阶段的累积超额收益率虽然在此窗口期初期为负，但自第 -20 天开始就基本处于上升趋势，且自第 -10 天开始即为正值，最终达到4.86%。说明在此窗口期内，投资者的态度相比第一阶段逐渐好转，不再像第一阶段那样排斥并购事项，在并购前10天里累积超额收益率均为正值，表示股东开始看好并购行为。

在并购公告日当天，平均超额收益率为1.13%，表明并购方公司股东比较认可并购事项，能够获得正的超额收益。

（3）第三阶段分析。从表 10 - 4 可以看出，在［1，30］窗口期，有19/30天数的平均超额收益率为负值，为负值的天数上涨，在并购后5天内全部为负值，且每天的平均超额收益率均值变为负数，仅为 - 0.04%。收益率的变化幅

表 10 - 4　石油行业第三阶段的平均超额收益率和累积超额收益率

单位：%

天	AAR_3	CAR_3	天	AAR_3	CAR_3	天	AAR_3	CAR_3
1	- 0.03	5.96	11	- 0.10	5.21	21	- 0.38	3.37
2	- 2.17	3.78	12	- 0.44	4.77	22	- 0.27	3.10
3	- 0.39	3.40	13	- 0.38	4.39	23	- 0.67	2.43
4	- 0.20	3.19	14	- 1.57	2.83	24	0.34	2.77
5	- 0.55	2.64	15	- 0.01	2.81	25	1.51	4.27
6	0.17	2.81	16	- 0.23	2.58	26	0.42	4.69
7	- 0.35	2.46	17	- 0.06	2.52	27	1.19	5.88
8	- 0.03	2.43	18	0.70	3.22	28	0.33	6.21
9	1.35	3.78	19	0.44	3.66	29	- 0.57	5.64
10	1.53	5.31	20	0.08	3.74	30	- 1.07	4.56

度（标准差）稍高于第一阶段，低于第二阶段。而累积超额收益率虽然均为正值，但不再呈上涨趋势，而是呈波动趋势，最高为 6.21%，最低为 2.43%，最终为 4.56%，并不显著大于零。说明并购方公司股东在合并日后并不像在第二阶段对于此并购事项持较为乐观的看法，可能是由于并购后企业文化融合、员工态度等问题逐渐显现，企业效益并未如前期预想得到大幅提高。

　　石油行业平均超额收益率和累积超额收益率在 [－60，30] 的变化见图 10－1、图 10－2。

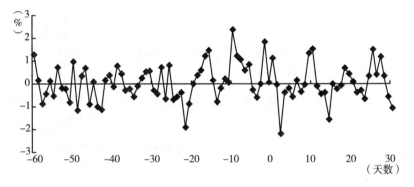

图 10－1　石油行业平均超额收益率在 [－60，30] 的变化

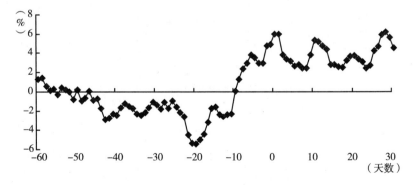

图 10－2　石油行业累积超额收益率在 [－60，30] 的变化

（4）和同时期各行业并购平均超额收益率和累积超额收益率的比较。从图 10 - 3 可以看出，石油行业的平均超额收益率在 ［-60，30］ 窗口期内的标准差比各行业总体要大，且在三个窗口期内标准差都远大于各行业总体，尤其是在 ［1，30］ 窗口期内，总体波动非常小，已经较为稳定，但石油行业的波动依然很明显，说明石油行业在并购前后波动幅度都较大。从图 10 - 4 可以看出，各行业总体累积超额收益率在 ［-60，30］ 窗口期内呈逐渐上升趋势，最终达到 14.21%，显著大于 0，说明并购后大多数并购方公司股东比较认可并购行为，看好公司以后的发展，认为其能够获得超额收益，并购事项显著有利。而石油行业的累积超额收益率在 ［-60，-11］ 内基本为负值，直到 -10 天开始转正，但并购日后并未再有大幅上涨趋势，而是呈现波动态势，最终为 4.56%，说明石油行业的并购重组绩效不如各行业总体平均值，虽然能够获得一定的超额收益，但仍然存在较大的改进空间，需要着重考虑并购后企业的融合问题，实现进一步发展。

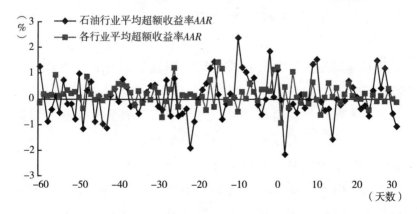

**图 10 - 3　石油行业和同时期各行业的平均超额
收益率在 ［-60，30］ 的变化比较**

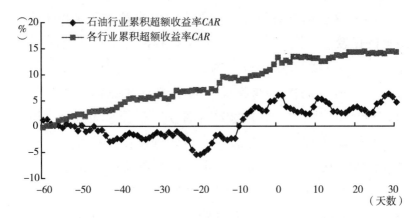

**图 10 - 4　石油行业和同时期各行业的累积超额
收益率在 [- 60，30] 的变化比较**

第三节　研究结论及启示

实证结论表明，我国石油行业 2008～2012 年并购方公司股东在并购前后 91 天的时间里获得的累积超额收益率和同时期其他行业并购事件相比很低，只达到 4.56%，并没有显著大于 0。说明投资者对于石油行业的并购重组事项并没与给予很高的积极评价，该行业的并购与各行业的并购均值相比差别较大，并没有较好地实现预期目标，获得较高的超额报酬。

总体来看，主要是有以下几个原因。首先，文化整合问题。不同的国家有不同的习俗和价值观，不同的企业也有不同的经营理念，由于石油企业的并购有很大一部分都涉及国外公司，由此所引发的文化冲突不容轻视。逐渐取代被并企业弱文化的注入式、相互融合的渗透式、相对独立的分隔式或是强迫其消亡的破坏式都各有利弊，必须审慎选择，并且结合该国该企业的实际情况。新旧文化的逐渐融合必然需要较长时间的渗透，短期内无法达成。其次，人力资源整合问题。并购不论是对并购企业还是被并购企业的成员心理上都会有一定的冲击，他们会对组织产生不信任感，影响员工间及员工与企业的有效沟通。由于担心并购后权利、职务、薪酬等方面的变化而抵制并购的进行，员工向心力和凝聚力降低，进而会影响并购后企业的生产效率，降低经营绩效。另外，并购后会有人不满意重新分配的结果，可能会造成一部分的离职，高精尖人才的缺失可能带来一定的人员危机。再次，组织结构整合问题。是指并购后的企业在组织机构和制度上进行必要的调整或重建，以实现企业的组织协同。各个组织在发展过程中总会出现一定的消极方面，比如不求上进的惰性、不利于创新的规范等，在并购整合中，不免会进行运作方式、结构、制度上的变革，会对既有利益或福利造成一定程度的破坏，这些都会对并购产生一定的消极影响。最后，业务整合问题。由于并购多是按照"上下游一体化、产供销一体化、内外贸一体化"的原则来进行的，必然涉及原来从未进入的市场领域，由于对其较为陌生，必然需要时间来进行充分的了解和熟悉该市场，进而有效的开展新业务。在并购初期这些问题都无法瞬时完成，需要进行长期的整改和协调，最终实现协同效应。

根据上述分析，我们可以提出几条建议。一是政府要充分考虑我国石油企业在并购中可能面临的问题和风险，出台有力的政策措施来规范并购市场的行为，适时引导，大力支持。二是并购中企业要制定更为明确的并购策略。提前做好发展战略，保障并购的顺利进行。要注意国际与国内的平衡，保持一定的能源占有量，尽可能多地获取国内外的油气资源，并且在并购中要注意一体化策略，适时扩展经营范围，围绕主营业务开展多样化经营，提高整体业务绩效。三是要采取灵活多变的并购方式。尤其是在海外并购中，应该加大宣传力度，改善自身形象，与当地政府和企业搞好关系，不可操之过急，若遇到当地政府的阻碍，可与其实施沟通，表达出诚意，进而获得政府和民众的认可。四是注意并购风险和并购后的整合。美国并购专家 Brue Wasserstein 曾提出，并购成功与否，不仅依赖被并购企业创造价值的能力，而且在更大程度上依靠并购后的整合。因此，提前制定明确的并购策略，考虑到可能出现的文化融合、人员整合、组织设计等方面的问题，提前做好应对准备。就文化整合来说，要采取宽容、扬弃、共性与个性相结合、借鉴与创新相结合的原则，而在方式上，最好不要采用破坏式。因为这种整合方式太过于激进，可能会引起被并购方的强烈反抗，使得双方产生激烈的冲突和矛盾，不利于并购的进行。但是，如果并购企业一开始就决定把被并公司进行分拆出售，则大多都会选择破坏式。

总之，石油行业的并购的确有一定的优势，在一定程度上发挥了协同效应，但对于并购绩效的提升并没有带来太多的改善。应针对造成绩效不佳的种种原因进行分析，并做出相应的改进，进一步提高我国石油企业的绩效，获得显著有利的超额收益，逐渐成长为具有核心竞争力的国际型企业。

主要参考文献

[1] 胡智锋：《石油企业并购风险及防范措施》，《东方企业文化》2011 年第 12 期。

［2］黎喻鹤:《并购图强——国有大型石油企业并购活动初探》,《中国石油企业》2005 年第 12 期。

［3］王雪飞:《我国石油上市企业并购动因及绩效分析》,中国地质大学硕士学位论文,2011。

［4］张玉珍:《基于核心竞争力的石油石化上游企业并购研究》,上海交通大学博士学位论文,2010。

［5］周新军、王敏:《石油企业海外并购绩效评价及并购新趋势》,《当代经济管理》2010 年第 9 期。

［6］Frank, J. R. and R. S. Harris, "Shareholder Wealth Effects of Corporate Takeovers: The U. K. Experience 1955 – 1985", *Journal of Financial Economics*, 23, 1989, pp. 225 – 249.

第十一章
中国有色金属行业主并公司
价值效应分析

　　近年来，各行业并购重组活动日益频繁，而就有色金属行业来看，通过兼并重组来调整产业结构是我国有色金属行业发展道路上一个必不可少的环节。国家政府也在逐渐推进有色金属行业的兼并重组，2009年出台的《有色金属产业调整与振兴规划》已经提到，要推动全国有色金属行业的兼并重组；而在《有色金属行业"十二五"发展规划》中也指出要将发展重点集中于调整产业结构、大力发展精深加工等。基于兼并重组已成为有色金属行业的主基调，对其价值效应进行综合分析，不仅具有现实意义，更具有理论和实际应用价值。

第一节　有色金属行业并购研究背景和文献综述

　　有色金属是我国国民经济必不可少的基础性原料，在国防、科技进步等方面起着不可替代的作用。新中国成立以后，有色金属行业开始逐渐发展，2001 年以来是我国有色金属工业发展最快的时期，截至 2011 年底，10 种有色金属产量从 856 万吨增长到 3438 万吨，增长 3 倍；销售收入从 2600 亿元增长到 4.3 万亿元，增长近 16 倍；利润从 71 亿元增长到 2489 亿元，增长 34 倍；规模以上企业资产总额达到 2.5 万亿元，增长了 6 倍。与此同时，我国有色金属行业的产业结构调整也在不断推进。以中国铝业公司、中色矿业集团、中国五矿集团等企业为龙头，兼并重组了大批有色金属生产企业。截至 2010 年底，该行业共发生金额逾千万元的并购事件 226 起，自 2002 年以来基本呈现逐年上升的趋势。2012 年 11 月 12 日，工信部又发布了《拟公告的符合稀土行业准入条件企业名单》的公告，而稀土是重要的有色金属，可见，国家一直都在大力支持有色金属工业的并购重组。在《国民经济和社会发展第十二个五年规划纲要》《国务院关于促进企业兼并重组的意见》《工业转型升级规划（2011～2015 年）》中提出，要促进电解铝、稀土等行业的兼并重组。就电解铝行业来说，到 2015 年，形成若干家具有核心竞争力和国际影响力的电解铝企业集团，争取前 10 家企业的冶炼产量占全国的比例达到 90%。支持具有经济、技术和管理优势的企业兼并重组落后企业，支持开展跨地区、跨行业、跨所有制兼并重组。鼓励优势企业强强联合，积极推进上下游企业联合重组，鼓励"煤（水）－电－铝"及"矿山－冶炼－加工－应用"一体化经营，实现规模化、集约化发展，培育 3～5 家具有较强国际竞争力的大型企业集团。而就稀土行业来说，提出支持大企业以资本为纽带，通过联合、兼并、重组等方式，大力推进资源整合，大幅度减少稀土开采和冶炼分离企业数量，提高产业集中度，基本形成以大型企业为主导的行业格局。而国家关于有色金属的各项规划强调要提高行业的集中度，主要是更好地解决有色金属行业"散、乱、小、弱"等劣势，提高我国企业在国际上的议价能力，若集中度提高，行业内的龙头公司将聚集更多的优势矿产资源，提高其国际竞争力。

我国很多有色金属行业的企业都顺应时势，一直期望通过兼并重组等方式整合企业资源，实现整个行业的整合发展。紫金矿业是我国非常重要的矿业生产企业之一，从其2003年上市后并购活动频频发生。2006年10月，斥资820万英镑收购在南非拥有白金项目的英国上市公司 Ridge Mining PLC 20% 的股份，成为其第一大股东。2004年起投资约25万美元，在缅甸寻找红土型镍矿，至2007年1月宣布找到储量约百万吨的大型镍矿。2007年2月，蒙特瑞科与紫金矿业宣布达成收购协议，由此可以直接控制和开发蒙特瑞科拥有的秘鲁 RioBlanco 铜钼矿这一世界级规模的矿山。2011年8月，白银有色集团股份有限公司出资7560万澳元收购南非第一黄金公司1.4269亿股股票的交易交割顺利完成，白银有色集团股份公司成为该公司的第一大股东，持股比例达到17.68%。第一黄金公司是一家在澳大利亚和南非两地上市的跨国公司，现在处于产能提升期，资源规模、发展潜力和经济效益巨大。而白银有色集团在资本、管理等方面的优势推动了第一黄金公司的运营扩张，逐渐使其发展成为大型黄金生产企业。中国铝业经过几年的收购活动，截至2008年，已经获取铝土矿资源超过100万吨，在建矿山项目将恢复和新增铝土矿能力超过342万吨，同时，公司更好地整合和完善了"铝土矿 - 氧化铝 - 电解铝 - 铝加工"这一完整的产业链。2012 年，中国五矿资源成功收购 Anvil Mining Limited 公司，海外资源获取取得了再次突破，表明了对中国企业的认可和信任，而 Anvil 的矿业资产主要是铜和钴，此次收购大大提高了中国五矿在铜、钴等矿产资源的全球供应能力，有利于缓解我国金属矿产资源供应不足的局面。

我国是世界上最大的有色金属生产国和消费国，但不是矿业强国，在开采效率、资源利用率、节约程度等方面与其他国家相比还有较大的差距。而且我国有色金属行业产业集中度较低，并购重组有利于资源向优势企业集中，优化产业结构，提高行业整体绩效。有色金属行业也是具有规模经济的行业，规模的扩张有利于降低企业的长期平均成本，从而提高销售收入和利润率。很多小型企业占据了不少资源，但技术不够先进等因素致使资源在开采中浪费严重，综合利用率较低，企业规模的限制也导致成本过高，效益并不好，没有多余的资金投入到抑制和治理环境污染上。而在当前国内经济增速下滑和国外经济动荡的大环境下，大型企业应对风险的能力强，且由于规模效应，其各项成本比小型企业低，有较多的资金用来解决开采过程及后期冶炼加工所带来的环境污染。这样，受益者不仅仅是企业本身，还包括附近的居民。另外，现阶段我国有色金属行业的原料对外依存度较高，通过并购资源丰富但效益不高的矿产，有利于降低行业的对外依存度，减少原料采购成本。

在并购中，占据主导地位的大多都是实力雄厚的国企和央企。它们有国家的大力支持，所占有的资源也较为丰富，通过向上游企业和下游企业的并购，能够获得协同效应，实现供产销一条龙产业链，节省各项支出。由于其技术水平高，一些高端的生产技术通过并购可以运用到被并企业中，而且有较为健全的制度，对于开采过程也能够施行较好的监督和控制，提高资源利用率，减少不必要的浪费。但这也避免不了会出现一定的"国进民退"现象，一些实力较弱民营企业逐渐被挤出，并购后还涉及人员的重新组合及文化融合，再加上国企本身所存在的效率不高、冗员过多、吃大锅饭现象，有人怀疑有色金属行业的并购到底绩效如何，能否提升资源配置效率，获得较高的收益。

并购究竟能否给企业带来超额报酬，并购后的绩效是否达到预期目标，国内外众多学者对此进行了大量研究。Healy 等（1992）选取了 1979～1984 年美国 50 家发生大规模并购的企业的数据，实证结果表明，并购使得资产运作水平改善，企业经营绩效有了较大幅度的提高。Manson，Stark 和 Thomas（1994）对 1985～1987 年英国的 38 起并购事件选取了收购公司并购前后 5 年的中期营运现金流量实际值和预期值两项指标，研究发现：并购活动增加了并购公司的营运现金流量，而且现金流量的增加与收购期间两家公司总体的超额收益正相关。徐维兰、崔国平（2008）对 2002 年的并购事件分别采用事件研究法和财务指标评价法进行了研究，得出收购公司的业绩在并购当年和并购后第一年有所提高，但在随后年份却出现下滑，并购后收购公司的累积超额收益率显著不为零，说明并购事件是有积极作用的。

在有色金属企业的实证研究中，马维力（2007）对有色金属行业上市公司 2007～2011 年面板数据进行了实证分析，得出产业集中度的提高和资本结构的改善都有利于提高企业绩效。郭树华等（2012）以 2002～2008 年 52 起并购事件作为长期投资价值效应的研究样本，得出结论：资产专用性程度对并购绩效有正的影响，而企业规模对并购绩效的影响是负的，且影响都较为显著。现在国内对于有色金属行业并购绩效的研究资料并不是很多，对其进行深入的研究是有意义的。

第二节　实证过程

本章对有色金属行业并购重组战略的价值效应的评估以沪深股市的数据为基础，采用事件研究法来进行研究。

本章选取了 2007～2012 年有色金属行业上市公司针对其他企业发生的兼并收购活动研究样本 20 个，其中上海 A 股 11 家，深圳 A 股 9 家（见表 11 - 1）。各项数据借助国泰安 CSMAR 财经系列研究数据库直接导出得到。为了研究的科学性和严密性，对这些样本进行了逐一筛选剔除。

表 11 - 1　有色金属行业主并公司样本（2007～2012 年）

包钢稀土（600111）	辰州矿业（002155）	驰宏锌锗（600497）	东阳光铝（600673）
海亮股份（002203）	吉恩镍业（600432）	江西铜业（600362）	铜陵有色（000630）
西部矿业（601168）	西部资源（600139）	厦门钨业（600549）	云铝股份（000807）
中国铝业（601600）	中金岭南（000060）	中科三环（000970）	中金黄金（600489）
紫金矿业（601899）	格 林 美（002340）	赣锋锂业（002460）	锡业股份（000960）

（1）第一阶段分析。从表 11 - 2 可以看出，在 [-60，-31] 窗口期，有 11/30 天数的平均超额收益率为负值，其他均为正，且在此阶段平均超额收益率的均值为 0.26%。而从累积超额收益率来看，在这 30 天的时间里（不包含休息日），虽然前期数值为负，但从第 -37 天开始

增长幅度较大，最后其数值接近 8%。可见，在第一阶段，有一部分人员知道了将要并购的消息，而他们之中的大部分人对于并购事件持乐观态度，认为并购很有可能提升企业的效益。原因可能是并购可产生规模效应、降低企业成本、发挥集中优势等。

表 11-2　有色金属行业第一阶段的平均超额收益率和累积超额收益率

单位：%

天	AAR_1	CAR_1	天	AAR_1	CAR_1	天	AAR_1	CAR_1
-60	-0.28	-0.28	-50	0.27	-1.58	-40	0.43	-0.25
-59	0.60	0.32	-49	0.57	-1.00	-39	-0.43	-0.68
-58	0.05	0.37	-48	0.10	-0.90	-38	0.08	-0.60
-57	-0.15	0.23	-47	-0.34	-1.24	-37	1.00	0.40
-56	0.29	0.52	-46	-0.33	-1.57	-36	1.29	1.69
-55	-0.28	0.23	-45	0.81	-0.75	-35	1.67	3.36
-54	-0.97	-0.74	-44	-0.55	-1.30	-34	1.59	4.96
-53	-0.28	-1.02	-43	-0.18	-1.47	-33	0.01	4.97
-52	-1.20	-2.22	-42	0.68	-0.79	-32	0.80	5.77
-51	0.38	-1.84	-41	0.11	-0.68	-31	2.04	7.81

（2）第二阶段分析。从表 11-3 可以看出，在 [-30，-1] 窗口期，有 9/30 天数的平均超额收益率为负值，不到 1/3，比第一阶段为负值的天数略有下降。均值为 0.25%，虽然稍低于前一阶段，但波动幅度有所降低。累积超额收益率也基本呈现上升趋势，在此阶段增长接近 7%，最终达到 15.31% 的水平。说明投资者对于并购事件的前景比较看好，认为其发展潜力较大，态度一直比较乐观。

表 11 – 3 有色金属行业第二阶段的平均超额收益率和累积超额收益率

单位：%

天	AAR_2	CAR_2	天	AAR_2	CAR_2	天	AAR_2	CAR_2
– 30	0.68	8.49	– 20	1.10	13.40	– 10	– 0.31	15.48
– 29	1.25	9.74	– 19	1.06	14.46	– 9	0.07	15.55
– 28	1.08	10.82	– 18	0.27	14.73	– 8	0.09	15.63
– 27	– 0.94	9.88	– 17	0.20	14.93	– 7	0.41	16.04
– 26	– 0.76	9.12	– 16	0.57	15.50	– 6	0.09	16.13
– 25	1.45	10.57	– 15	– 0.38	15.12	– 5	– 0.03	16.10
– 24	1.07	11.64	– 14	0.72	15.84	– 4	0.39	16.49
– 23	0.46	12.10	– 13	0.20	16.04	– 3	– 1.13	15.36
– 22	– 0.52	11.58	– 12	– 0.63	15.41	– 2	– 0.19	15.18
– 21	0.72	12.30	– 11	0.38	15.79	– 1	0.13	15.31

在并购公告日当天，平均超额收益率为 0.91%，说明大部分并购方公司股东对于并购事件持较为赞同的态度，认为并购事件对于企业发展是有利的。

（3）第三阶段分析。从表 11 – 4 可以看出，在［1，30］窗口期，平均超额收益率为负值的天数大量上涨，达到了 16/30，超过一半的天数为负数，且每天的平均超额收益率均值下降为负，为 – 0.01%，变化幅度（标准差）大于第二阶段，小于第一阶段。而累积超额收益率的变化幅度较小，不再像前两个阶段处于快速上升通道，一直在 15% ～ 20% 之间波动，在此阶段数值稍有下降，但最终为 15.82%。可见并购后并购方公司股东的态度有些模棱两可，可能由于并购初期有些整合问题还需要时间进行处理，但总体来说还是较为积极的，依然认为并购行为是有效益的，发展前景较好。

表 11 −4   有色金属行业第三阶段的平均超额收益率和累积超额收益率

单位：%

天	AAR_3	CAR_3	天	AAR_3	CAR_3	天	AAR_3	CAR_3
1	0.54	16.76	11	0.67	18.59	21	−0.55	16.75
2	−0.14	16.63	12	−0.51	18.07	22	−0.03	16.73
3	−0.15	16.47	13	−0.26	17.81	23	1.01	17.74
4	0.77	17.24	14	−0.67	17.15	24	0.20	17.94
5	1.08	18.32	15	0.58	17.73	25	0.83	18.77
6	−0.72	17.60	16	1.11	18.83	26	−0.37	18.40
7	0.45	18.06	17	0.21	19.04	27	−0.41	17.98
8	−0.32	17.74	18	−1.07	17.98	28	−1.07	16.92
9	−0.10	17.63	19	−1.28	16.70	29	0.37	17.29
10	0.28	17.91	20	0.61	17.31	30	−1.47	15.82

有色金属行业平均超额收益率和累积超额收益率在 [−60, 30] 的变化见图 11 −1、图 11 −2。

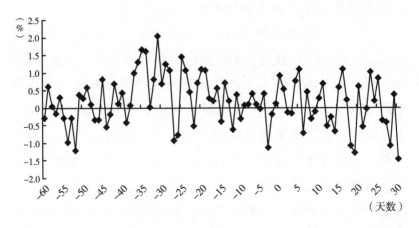

图 11 −1   有色金属行业平均超额收益率在 [−60, 30] 的变化

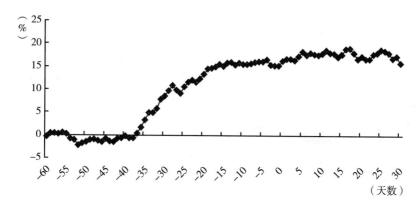

图 11 - 2　有色金属行业累积超额收益率在 [-60，30] 的变化

（4）和同时期各行业并购平均超额收益率和累积超额收益率的比较。从图 11 - 3 可以看出，将各行业总体与有色金属行业的数值进行比较，有色金属行业的平均超额收益率在 [-60，30] 的窗口期内均值略高于各行业总体，但标准差比各行业总体要大。从图 11 - 4 可以看出，各行业总体和有色金属行业的累积超额收益率在 [-60，30] 窗口期内

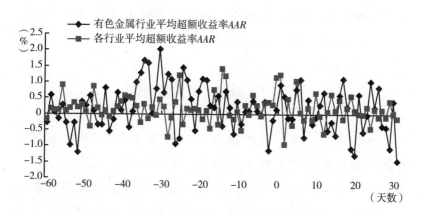

图 11 - 3　有色金属行业和同时期各行业的平均超额
收益率在 [-60，30] 的变化比较

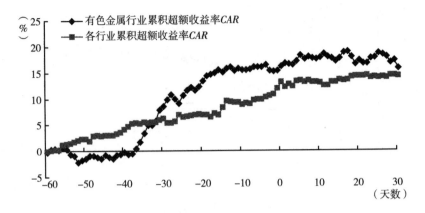

**图 11 - 4　有色金属行业和同时期各行业的累积超额
收益率在 [-60，30] 的变化比较**

都基本呈逐渐上升趋势，虽然有色金属行业一开始数值为
负，但很快开始快速增长，且从 - 32 天开始，累积超额收
益率开始超过各行业总体，在 [-32，30] 窗口期内一直
大于各行业总体的数值，最终达到 15.82%。说明并购后大
多数有色金属行业并购方公司股东比较赞同并购行为，看好
公司并购后的发展，认为合并可以带来协同效应，有利于获
得较大的超额收益，合并效果显著有利。

第三节　研究结论及启示

实证结论表明，我国有色金属行业 2007～2012 年并购
方公司股东在并购前后 91 天的时间里获得的累积超额收益
率为 15.82%，显著不等于 0，此项并购存在累积超额收益
率。可见，国家在有色金属行业出台的一系列促进其并购重
组的各项政策和措施是有效的，能够大幅度提升绩效和行业
竞争力。可以看出，资源向优势企业的集中的确有利于提高

效益，把先进的技术带入产能落后的弱势企业中能够在一定程度上提高生产效率和资源利用率。在有色金属行业的确产生了有效的协同效应，而且这种协同效应所发挥的作用超过了并购时可能产生的人员整合、文化整合等一系列问题带来的不良后果，不论是被兼并企业的管理者还是员工，对于并购事项的排斥态度并不特别明显，可能是由于国内外经济环境都不是很有利，尤其是1997年来次贷危机、欧债危机等风波接连出现，在一定程度上影响国内的发展，人们认为在像有色金属这种风险较大的行业中做大做强的企业才更有优势。但是，在并购后，企业还要特别注意提高管理和协调能力，尽力促进并购双方的文化融合，提高员工的积极性，继续发挥并购优势。总而言之，有色金属行业的并购能够带来积极的效果，达到了有效配置资源、改善经营绩效的预期目标。

主要参考文献

［1］郭树华、高琼华、张峻：《中国有色金属行业上市公司并购绩效研究》，《思想战线》2012年第1期。

［2］马维力：《有色金属行业上市公司纵向一体化对企业绩效影响的研究》，浙江大学硕士学位论文，2012。

［3］万江洪：《有色金属行业并购号角吹响》，《金属世界》2009年第3期。

［4］徐维兰、崔国平：《中国上市公司并购绩效的实证研究》，《统计与信息论坛》2008年第6期。

［5］余光、杨荣：《企业购并股价效应的理论分析和实证分析》，《当代财经》2000年第7期。

[6] Healy P. , Palepu K. and Ruback R. , "Does Corporate Performance Improve after Mergers", *Journal of Financial Economics*, 1992, 31 (2), pp. 135 – 175.

[7] Manson, Stark, Thomas, "A Cash Flow Analysis of the Operational Gains from Takeovers", Research Report of the Charted Association of Certified Accountants, 1994 (35).

第三篇　并购方式分析

第十二章
股份回购价值效应分析

      股份回购是指上市公司利用自有资金或债务融资收购本公司发行在外的股份，将其作为库藏股或进行注销的行为。股份回购是国外成熟证券市场中常见的一种资本运作方式和公司理财行为。自 20 世纪 70 年代在美国证券市场产生以来，股份回购逐渐扩展到英国、德国、日本等国家的资本市场，并且被越来越多的上市公司所使用。1992 年，大豫园吸收合并小豫园，这是中国股票市场第一例为了合并而实施股票回购的成功个案。

      现阶段我国上市公司的股份回购大多数是非流通股的回购，并且大部分是伴随着股权分置改革进行的，股权分置、大股东占用上市公司资金问题，这是中国资本市场的特殊性所在。因此，上市市公司股份回购操作具有深远的意义。通过对 2006 ~ 2012 年有代表性的股份回购行为的 25 家企业股东的收益率的研究表明，在并购前后 91 天的时间内，股份回购股东获得了显著为正的超额收益率。这表明，企业的股份回购行为会对股东财富形成积极影响，能够较好地起到提高其资源配置效率的作用。且我国上市公司回购时的公告效应集中于公告日之后，第 28 天累积超额收益率达到最高，为 11.86%，公告日之前只有小幅度的上升，公告日之后大幅度上升。在整个区间 [-60, 30] 的累积超额收益率最终为 11.08%。这表明回购公告的信息被提前泄露并进行相关操作的行为微乎其微，且我国上市公司股份回购公告具有一定的正市场效应，而且统计表现显著。

第一节　股份回购研究背景和文献综述

2012 年有 12 家上市公司已经实施或拟实施股票回购，这在以前从未出现过。截至 2012 年 12 月 5 日，有 12 家上市公司发布了回购股票计划，涉及金额近 90 亿元。宝钢股份、江淮汽车、安凯客车、申能股份、鲁泰 A 等 5 家上市公司，已经回购股份近 5 亿股，回购金额共计 23 亿元。其中，宝钢股份最引人关注。宝钢股份回购股票 2012 年 8 月启动，回购数量占公司总股本的比例约为 2.2%，支付总金额超过 18 亿元。按已经公布的计划，宝钢股份回购总金额上限为 50 亿元。查阅截至 2012 年 9 月 30 日的 2012 财年三季度财报，其中披露回购进展如下：2012 年 7 月，公司支付 807 万美元（5073 万元）回购并注销了共计 269409276 股普通股和 79717 份美国存托股票。根据公司 2011 年 12 月 30 日宣布的股票回购计划，公司董事会批准该公司通过公开市场购买或大宗交易共回购总计 320 万美元流通 ADS。

根据对学术文献的研究以及相关调查可发现，公司价值被低估是公司公告的最重要的理由。Ikenberry, Lakonishok

和 Vermaelen（1995）指出，在美国公告股份回购的公司有将近 85% 不会公开说明买回事由，但是其他公开说明买回事由的公司，大都是以公司股价被低估为买回原因，而公司在公告之后股价会上升，特别是价值型股票，这表明宣告是因为公司的价值被低估。Stephens 和 Weisbach（1998）发现公开市场回购与公司前期报酬有负向关系，这表示当公司股票被认为低估时，公司会买回自家公司的股票。价值型的公司宣告股票购回后的实际完成比例普遍较高，且当公司股价表现低迷时，完成比例也随之较高，所以认为公司价值被低估为公司实行股票购回的重要动机。

第二节 实证过程

本章对上市公司股份回购价值效应的评估以沪深股市的数据为基础，采用事件研究法来进行研究。

本章选取了 2006 ~ 2012 年上市公司针对其他企业发生的股份回购活动研究样本 25 个（见表 12 - 1）。各项数据借助国泰安 CSMAR 财经系列研究数据库直接导出得到。为了研究的科学性和严密性，对这些样本进行了逐一筛选剔除。

表 12 - 1　股份回购公司样本（2006 ~ 2012 年）

风华高科（000636）	九 芝 堂（000989）	中航重机（600765）	四川长虹（600839）
龙建股份（600853）	海马汽车（000572）	漳州发展（000753）	天音控股（000829）
承德露露（000848）	丽珠集团（000513）	中捷股份（002021）	中国联通（600050）
陆家嘴（600663）	永新股份（002014）	兖州煤业（600188）	用友软件（600588）
长安汽车（000625）	上海贝岭（600171）	健 康 元（600380）	卧龙电气（600580）
诺 普 信（002215）	新 时 达（002527）	上海家化（600315）	华胜天成（600410）
昆明制药（600422）			

（1）第一阶段分析。从表 12-2 可以看出，在 [-60，-31] 窗口期，有 16/30 天数的平均超额收益率为负值，且波动较大，而累积超额收益率在 [-57，31] 均为正值，最高达到 2.39%，最终为 2.37%。在这 30 天的时间里（不含休息日），累积超额收益率除了 -60、-59 和 -58 三天为负值，其余均为正值，总体呈现明显的上升趋势。

表 12-2 股份回购第一阶段的平均超额收益率和累积超额收益率

单位：%

天	AAR_1	CAR_1	天	AAR_1	CAR_1	天	AAR_1	CAR_1
-60	-0.62	-0.62	-50	-0.30	0.13	-40	0.16	1.18
-59	-0.43	-1.04	-49	-0.49	-0.35	-39	-0.12	1.06
-58	0.03	-1.01	-48	-0.27	-0.62	-38	-0.26	0.80
-57	1.78	0.77	-47	-0.51	-1.14	-37	-0.34	0.46
-56	-0.03	0.74	-46	0.21	-0.93	-36	-0.17	0.29
-55	-0.12	0.62	-45	-0.40	-1.34	-35	0.69	0.98
-54	-0.26	0.36	-44	0.06	-1.28	-34	0.26	1.24
-53	0.21	0.57	-43	0.79	-0.49	-33	0.63	1.87
-52	-0.30	0.27	-42	0.88	0.39	-32	0.52	2.39
-51	0.16	0.43	-41	0.63	1.02	-31	-0.03	2.37

（2）第二阶段分析。从表 12-3 可以看出，在 [-30，-1] 窗口期，有 13/30 天数的平均超额收益率为负值，第二阶段平均超额收益率的变化幅度与第一阶段相比并没有太大变化，波动仍然很大。但此阶段的累积超额收益率全部为正值，最终为 2.85%。

在并购公告日当天，平均超额收益率为 1.67%，累积超额收益率为 4.52%，达到这一区间的最大值。

表 12 – 3 股份回购第二阶段的平均超额收益率和累积超额收益率

单位：%

天	AAR_2	CAR_2	天	AAR_2	CAR_2	天	AAR_2	CAR_2
– 30	0.23	2.60	– 20	0.33	2.60	– 10	– 0.33	1.31
– 29	– 0.41	2.19	– 19	0.61	3.21	– 9	– 0.51	0.80
– 28	– 0.34	1.85	– 18	– 0.20	3.01	– 8	– 0.14	0.65
– 27	0.26	2.11	– 17	– 0.59	2.42	– 7	0.66	1.31
– 26	– 0.74	1.37	– 16	0.04	2.46	– 6	0.62	1.93
– 25	0.39	1.76	– 15	– 0.73	1.73	– 5	– 0.26	1.68
– 24	– 0.10	1.66	– 14	0.06	1.79	– 4	– 0.24	1.44
– 23	0.11	1.77	– 13	0.01	1.81	– 3	0.46	1.90
– 22	0.01	1.77	– 12	0.46	2.26	– 2	0.87	2.77
– 21	0.50	2.27	– 11	– 0.63	1.64	– 1	0.08	2.85

（3）第三阶段分析。从表 12 – 4 可以看出，在 [1，30] 窗口期，有 8/30 天数的平均超额收益率为负值，比上两个阶段的天数都少，但此阶段波动幅度仍然较大。而累积超额收益率也均为正，并呈显著上升趋势，在第 28 天达到最高，为 11.86%。

表 12 – 4 股份回购第三阶段的平均超额收益率和累积超额收益率

单位：%

天	AAR_3	CAR_3	天	AAR_3	CAR_3	天	AAR_3	CAR_3
1	1.05	5.57	11	0.23	5.86	21	0.06	9.62
2	– 0.12	5.45	12	0.26	6.12	22	0.89	10.51
3	– 0.66	4.78	13	– 0.45	5.68	23	0.22	10.74
4	1.19	5.97	14	0.25	5.93	24	– 0.02	10.72
5	0.09	6.06	15	0.58	6.51	25	0.06	10.78
6	– 0.43	5.64	16	0.02	6.52	26	0.13	10.91
7	– 0.51	5.13	17	1.17	7.69	27	0.79	11.70

续表

天	AAR_3	CAR_3	天	AAR_3	CAR_3	天	AAR_3	CAR_3
8	0.11	5.23	18	1.03	8.73	28	0.15	11.86
9	0.01	5.24	19	0.05	8.78	29	-0.63	11.23
10	0.40	5.64	20	0.79	9.57	30	-0.15	11.08

股份回购平均超额收益率和累积超额收益率在 [-60, 30] 的变化见图 12-1、图 12-2。

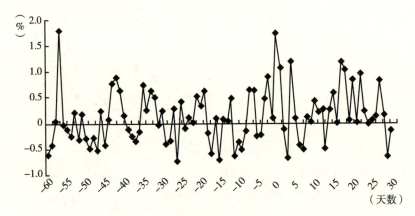

图 12-1　股份回购平均超额收益率在 [-60, 30] 的变化

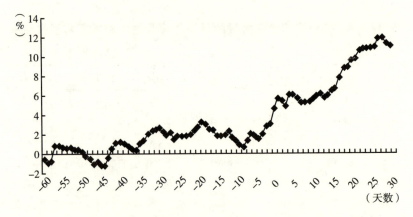

图 12-2　股份回购累积超额收益率在 [-60, 30] 的变化

第三节　研究结论及启示

通过对［-60，-31］、［-30，-1］、［1，30］窗口期的数据分析，发现我国上市公司股份回购公告在事件期内有显著的正累积超额收益率，股份回购公告具有一定的财富效应，符合信号传递假说。另外，公告日后股东财富增加，在公告日当日及以后买入股票的投资人都发生了赢利，这说明市场存在着较少信息提前泄露的情况，并没有明显出现部分投资者提前获悉信息而先行介入，等到市场正式得知此消息后再出货的行为。说明我国政府相关部门应加强对公司重大事件信息披露的管理较为有效。与此同时，我国上市公司2006～2012年股份回购股东在并购前后91天的时间里获得显著的累积超额收益率，股份回购公告具有显著的财富效应。回购提高了资产负债比例，投资者会给公司以较高的评价，会改变对公司未来收益的预期，导致股票价格上涨，从而增加了股东的价值。股份回购在一定程度上导致股价上升，收购成本提高，可以作为防止敌意并购袭击的有效手段。公司在市场收买自己发行的股票，在一定程度上增加了市场对公司股票的需求，同时使股本缩小，提高每股收益，使有效价格易于形成并反映公司的实值，从而维护公司的形象和信誉。因此，在股价过低时回购股票，是维护公司形象的有效途径。

从上文的分析可知，上市公司实施股份回购具有双重影响：一方面，股份回购能够为股东创造财富，能够使股权结构趋于完善，对大股东清欠等问题的解决也有重要意义；另一方面，在我国现有的制度安排下，实施股份回购还存在诸多问题。

主要参考文献

［1］梁丽珍:《上市公司股份回购的公告效应及动机分析》,《经济与管理研究》2006 年第 12 期。

［2］益智、张为群:《我国上市公司股份回购效应分析——兼论股权分置改革背景下回购的作用》,《商业经济与管理》2005 年第 10 期。

［3］王丽娅、邓学佳:《股票回购产生的动机分析》,《特区经济》2004 年第 12 期。

第十三章
股权转让价值效应分析

　　股权转让是指公司股东依法将自己的股份让渡给他人，使他人成为公司股东的民事法律行为。本章通过对 2006～2012 年有代表性的 14 家企业股东收益率的研究表明，在并购前后 91 天的时间内，并购方公司股东并没有获得正的超额收益率。这表明，股权转让事件既没有对股东财富形成积极影响，也不能有效地提高其资源配置效率。

　　随着中国市场经济体制的建立，国有企业改革及公司法的实施，股权转让成为企业募集资本、产权流动重组、资源优化配置的重要形式。尤其是近年来中国企业股权转让事件风起云涌，2012 年 12 月 13 日，火锅餐饮连锁企业呷哺呷哺宣布，原投资人英联投资将其所持呷哺呷哺股权转让给美国泛大西洋资本集团。2012 年曾一度被市场热捧的城商行突然被泼冷水。关于城商行股权转让夭折、高管减持套现、上市遥遥无期等信息不断曝光，城商行发展空间似乎被严重挤压，前景遭市场看淡。对股权转让价值效应进行综合分析，不仅具有现实意义，更具有理论和实际应用价值。

第一节　股权转让研究背景和文献综述

目前我国的上市公司主要是通过以下几种方式来实现控制权的转让：协议转让上市公司国有股或法人股、上市公司国有股无偿划转、通过司法程序裁定转让上市公司法人股股权、收购上市公司二级市场流通股取得上市公司控制权。由于通过协议转让上市公司国有股或法人股完成收购的数量最多，操作性最强，市场上的绝大多数资产重组案例均采取上市公司国有股或法人股协议转让的形式。

在上市公司重组个案中，股权转让主要表现为部分绩差公司或低赢利公司将其国有股、法人股以协议或划拨方式转让给一些更具发展潜力的优势企业，改变公司原有控股股东地位，使新入主控股股东为其注入优质资产，实现企业转向或谋求更好的发展方向。因股权协议转让价格较低，或是无偿划拨，有效地降低了重组成本，对外来企业更具吸力。

陈信元和张田余（1999）以1997年有重组行为的公司为样本，区分为股权转让、兼并收购、资产剥离和资产置换四类，分别考察了在［－10，20］的时间窗口下股价的超额收益率，结果表明股权转让，资产剥离和资产置换类公司的股价在公告前呈上升趋势，随后逐渐下降，有的甚至降到比重组前还要低的水平；兼并收购类公司市场没有反应，超额收益率不显著。这些结果表明了市场对重组导致公司长期价值的提升不感兴趣，只是通过非理性的短期炒作获取收益。

德尼斯和希汉（1988）分析了31例大宗股权转让公告的市

场反应后发现，在公告日前一天，股价上涨幅度达到 7.3%，公告日前后 30 天股价累计上涨 12.8%。布拉德利、德塞伊和金（Bradley，Desai and Kim；1982）研究了 394 家善意收购中目标公司在公告、前后的市场反应，证明存在显著的超额收益。

　　在这些国内外的研究中，大多数研究控股权转让市场反应的文献中都认为控股权转让有正的市场绩效，但也有少部分研究得到相反的观点。关于控股权转让的财务绩效则众说纷纭，这些文献大多数只采用单一财务指标对控股权转让的绩效进行评价，缺乏一种综合的财务指标进行评价：有的文献认为控股权转让有助于绩效的提高，有的文献认为控股权转让的绩效是一个先升后降的过程，有的认为不同的控股权转让方式对应着不同的控股权转让绩效。

第二节　实证过程

　　本章对股权转让价值效应的评估以沪深股市的数据为基础，采用事件研究法来进行研究。

　　本章选取了 2006~2012 年上市公司针对其他企业发生的股权转让活动研究样本 14 个（见表 13-1）。各项数据借助国泰安 CSMAR 财经系列研究数据库直接导出得到。为了研究的科学性和严密性，对这些样本进行了逐一筛选剔除。

表 13-1　股权转让公司样本（2006~2012 年）

伊 力 特(600197)	乐山电力(600644)	铜峰电子(600237)	新潮实业(600777)
大唐电信(600198)	成商集团(600828)	江泉实业(600212)	大众交通(600611)
湘邮科技(600476)	国电电力(600795)	青山纸业(600103)	中国北车(601299)
力源信息(300184)	洪城水业(600461)		

（1）第一阶段分析。从表13－2可以看出，在［－60，－31］窗口期，有15/30天数的平均超额收益率为负值，且波动较大，而累积超额收益率有17/30的天数为负值，最高1.89%，最终只有－0.32%，总体呈现上下波动状态。

表13－2　股权转让第一阶段的平均超额收益率和累积超额收益率

单位：%

天	AAR_1	CAR_1	天	AAR_1	CAR_1	天	AAR_1	CAR_1
－ 60	0.26	0.26	－ 50	0.99	0.86	－ 40	－ 0.57	－ 1.39
－ 58	－ 0.41	－ 0.15	－ 48	1.03	1.89	－ 38	0.03	－ 1.36
－ 57	－ 0.40	－ 0.55	－ 47	－ 0.37	1.52	－ 37	0.96	－ 0.40
－ 56	－ 0.68	－ 1.23	－ 46	0.02	1.54	－ 36	0.75	0.35
－ 55	0.76	－ 0.47	－ 45	－ 0.41	1.13	－ 35	－ 0.47	－ 0.11
－ 54	0.27	－ 0.20	－ 44	－ 1.17	－ 0.04	－ 34	0.55	0.44
－ 53	0.02	－ 0.18	－ 43	－ 0.33	－ 0.37	－ 33	0.21	0.65
－ 52	－ 0.32	－ 0.50	－ 42	－ 0.30	－ 0.67	－ 32	－ 0.51	0.15
－ 51	－ 0.47	－ 0.97	－ 41	－ 0.05	－ 0.72	－ 31	－ 0.46	－ 0.32

（2）第二阶段分析。从表13－3可以看出，在［－30，－1］窗口期，有18/30天数的平均超额收益率为负值，第二阶段平均超额收益率的变化幅度与第一阶段相比并没有太大变化，波动仍然很大。但此阶段的累积超额收益率有15/30的天数为负值，最终为－2.27%。

在并购公告日当天，平均超额收益率为0.09%，累积超额收益率为－2.18%。

（3）第三阶段分析。从表13－4可以看出，在［1，30］窗口期，有17/30天数的平均超额收益率为负值，且此阶段波动幅度仍然较大。而累积超额收益率也均为负，并呈显著下降趋势，最终为－6.52%。

表 13 - 3　股权转让第二阶段的平均超额收益率和累积超额收益率

单位：%

天	AAR_2	CAR_2	天	AAR_2	CAR_2	天	AAR_2	CAR_2
- 30	- 0.49	0.43	- 20	0.64	1.61	- 10	0.24	0.19
- 29	- 0.92	- 0.49	- 19	1.36	2.97	- 9	1.05	1.24
- 28	- 0.13	- 0.62	- 18	- 0.75	2.22	- 8	- 0.32	0.92
- 27	- 0.53	- 1.15	- 17	- 0.52	1.71	- 7	- 0.95	- 0.02
- 26	- 0.21	- 1.36	- 16	- 0.59	1.12	- 6	- 0.55	- 0.57
- 25	- 0.20	- 1.56	- 15	0.83	1.94	- 5	0.00	- 0.57
- 24	1.37	- 0.18	- 14	- 0.76	1.18	- 4	0.15	- 0.42
- 23	0.04	- 0.14	- 13	0.26	1.44	- 3	- 0.36	- 0.78
- 22	0.91	0.77	- 12	- 1.22	0.22	- 2	- 0.80	- 1.59
- 21	0.20	0.97	- 11	- 0.27	- 0.04	- 1	- 0.69	- 2.27

表 13 - 4　股权转让第三阶段的平均超额收益率和累积超额收益率

单位：%

天	AAR_3	CAR_3	天	AAR_3	CAR_3	天	AAR_3	CAR_3
1	0.01	- 2.17	11	- 0.26	- 3.41	21	- 0.37	- 3.71
2	- 0.31	- 2.48	12	0.41	- 3.00	22	- 0.79	- 4.50
3	0.29	- 2.19	13	- 0.76	- 3.76	23	- 0.41	- 4.91
4	0.37	- 1.81	14	0.02	- 3.74	24	- 1.07	- 5.98
5	0.45	- 1.36	15	0.92	- 2.82	25	0.72	- 5.26
6	- 0.82	- 2.17	16	0.65	- 2.18	26	0.14	- 5.12
7	- 0.35	- 2.52	17	0.57	- 1.61	27	- 0.47	- 5.59
8	- 1.02	- 3.54	18	- 1.04	- 2.64	28	- 0.72	- 6.31
9	- 0.12	- 3.66	19	- 0.60	- 3.25	29	0.05	- 6.26
10	0.51	- 3.15	20	- 0.09	- 3.34	30	- 0.26	- 6.52

　　股权转让平均超额收益率和累积超额收益率在 ［ - 60，30］的变化见图 13 - 1、图 13 - 2。

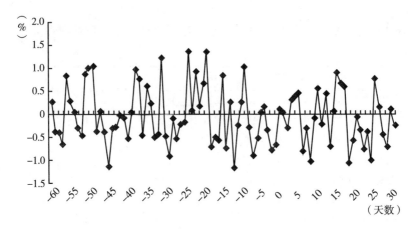

图 13 - 1　股权转让平均超额收益率在 [- 60, 30] 的变化

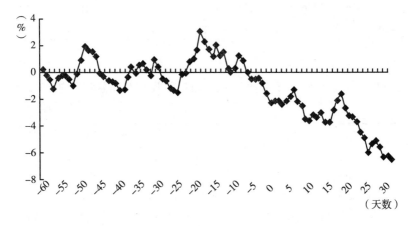

图 13 - 2　股权转让累积超额收益率在 [- 60, 30] 的变化

第三节　研究结论及启示

通过对 [- 60, - 31]、[- 30, - 1]、[1, 30] 窗口期的数据分析，发现我国上市公司股权转让在这段时期内累积超额收益率呈波动状态，并且在公告日后全部为负值且呈

现下降趋势，离公告日的时间越长，收益越差，表明股权转让的效率比较低。要想提高股权转让的效率，首先要明确股权转让活动属于上市公司资产重组的范畴，它的根本就是企业产权的全部或者部分的转让，这样的转让应当通过资本市场与产权交易市场来完成。所以，建立一个完善的市场体系，不仅是上市公司的股权转让活动得到健康发展并取得成功的先决条件，而且也为公司股权转让的标准化提供了必要的条件。其次要优化股权结构，如果公司希望有更多的发展，就必须解决这些问题，比如，要降低股权结构中国有股的比例，国有股的可流通性需要得到解决，等等。

主要参考文献

[1] 陈信元、陈冬华、朱红军：《净资产、剩余收益和市场定价：我国会计信息的价值相关性实证研究》，《金融研究》2002 年第 4 期。

[2] 陈信元、原红旗：《上市公司资产重组财务会计问题研究》，《会计研究》1999 年第 10 期。

[3] 冯根福、吴林江：《我国上市公司并购绩效的实证研究》，《经济研究》2001 年第 1 期。

第十四章
吸收合并价值效应分析

  吸收合并是指两个或两个以上的公司进行合并时，其中一个存续，另外一个或一个以上的公司被解散，不复存在，存续公司承续被合并公司的债权、债务、财务和义务的法律行为。公司吸收合并是在法律法规允许的范围内进行的公司间的自由合并。公司吸收合并之后，原有各公司的股东依然存在，或者是存续公司的股东，或者是新设公司的股东，除非原股东自愿退出转让股份。原各公司股东的股份必须按照吸收合并的协议的规定折算为存续公司的股份。吸收合并应保证原各公司股东财富在现在或可以预期的将来不减少。公司间吸收合并是提高竞争力和扩大经营领域的行为。公司之间吸收合并，一是为了减少竞争对手，提高原合并方的竞争力，保持竞争优势。通常采用横向一体化的方式，其目的是使合并后的公司在日益残酷的商业竞争中，拥有较为优越的竞争地位，使之能立于不败之地。二是合并方为了进入新的经营领域，占领新的市场。通常采用纵向一体化或混合多元化的方式，其目的则是为公司发展新的经济增长点和利润增长点。

　　本章通过对 2006～2012 年有代表性的吸收合并行为的 14 家企业股东的收益率的研究表明，在吸收合并前后 91 天的时间内，吸收合并股东获得了显著波动的超额收益率。这表明，企业的吸收合并行为会对股东财富造成的影响不够明朗，是否能够较好地起到提高其资源配置效率的作用难以下结论。但是我国上市公司吸收合并时的公告效应集中于公告日之后，且第 21 天累积超额收益率达到最高，为 3.57%，公告日之前［-60，-50］的累积超额收益率一直为负值，公告日之前［-49，-21］的累积超额收益率为正值，但是呈现波动状态。［-20，2］的累积超额收益率又变为负值。公告日之后［3，27］的累积超额收益率为正值，但是依旧呈现波动状态，在整个区间［-60，30］的累积超额收益率最终为-1.00%。公告日后累积超额收益率才变为正值，说明市场不存在吸收合并信息提前泄露的情况。

第一节　吸收合并研究背景和文献综述

　　吸收合并是我国公司并购整合的新手段、高级形态。在我国已有多家公司吸收合并成功的案例，在模式上不断创新。1993 年东北华联吸收合并四平金龙、浑江五交化、辽源一百这三家公司，是中国证券市场上发生较早的换股并购，可视为换股吸收合并的雏形。1998 年下半年，清华同方吸收合并鲁颖电子，首开真正意义上的上市公司通过换股支付方式吸收合并非上市公司之先河。2004 年 1 月 30 日，

TCL 集团吸收合并控股子公司 TCL 通讯实现整体上市，TCL 集团换股吸收合并的成功，揭开了我国整体上市的序幕。2004 年 5 月，百联集团公布方案，宣布第一百货吸收合并华联商厦，这是中国证券市场首次两家上市公司之间的吸收合并，同时也标志着百联集团整体上市的第一步。2004 年 8 月 20 日，中软股份发布反向吸收中软总公司的公告，这起"子吞母"的战略规划得到了证券市场里捕捉概念投资者的广泛认同。

2012 年 12 月 12 日，天方药业（600253）"二次股东会"顺利通过其吸收合并天方药业的重组方案。中国医药、天方药业的换股价分别为每股 20.64 元、6.39 元，换股比例为 1：0.31，即每股天方药业可换取 0.31 股中国医药股份。重组完成后，新中国医药 2013 年力争实现收入 150 亿元，达到行业领先水平。从中长期来看，希望在未来的 3 年里，新中国医药能够在收入、资产等方面跻身国内上市医药公司前三强。不过有研究机构对新的中国医药不是非常看好，认为中国医药缺乏核心产品和渠道。天方药业与中国医药复牌后双双大跌，市场并未将重组解读为利好。

纵观国内外的研究现状和现有的研究成果，对上市公司吸收合并整合模式的研究不多，结合的新案例较少。因此，对上市公司吸收合并的绩效这一问题的深入研究是有必要也是有意义的。

第二节　实证过程

本章对上市公司吸收合并效应的评估以沪深股市的数据为基础，采用事件研究法来进行研究。

本章选取了 2006~2012 年上市公司针对其他企业发生的资吸收合并活动研究样本 14 个（见表 14-1）。各项数据借助国泰安 CSMAR 财经系列研究数据库直接导出得到。为了研究的科学性和严密性，对这些样本进行了逐一筛选剔除。

表 14-1　吸收合并公司样本（2006~2012 年）

昆明制药（600422）	同济科技（600846）	中国平安（601318）	美克股份（600337）
海润光伏（600401）	瑞　贝　卡（600439）	梅花集团（600873）	恒顺醋业（600305）
华北制药（600812）	雅　戈　尔（600177）	二重重装（601268）	云铝股份（000807）
山东钢铁（600022）	大杨创世（600233）		

（1）第一阶段分析。从表 14-2 可以看出，在 ［-60，-31］ 窗口期，有 12/30 天数的平均超额收益率为负值，且波动较大。与此同时累积超额收益率在 ［-60，-50］ 为负值，在 ［-49，-31］ 为正值，呈现波动上升的趋势，最高达到 3.36%，最终为 2.60%。

表 14-2　吸收合并第一阶段的平均超额收益率和累积超额收益率

单位：%

天	AAR_1	CAR_1	天	AAR_1	CAR_1	天	AAR_1	CAR_1
-60	-0.38	-0.38	-50	0.12	-0.10	-40	0.92	2.12
-59	-0.38	-0.76	-49	1.04	0.94	-39	0.54	2.66
-58	-0.38	-1.14	-48	0.08	1.02	-38	-0.47	2.19
-57	0.00	-1.14	-47	-1.00	0.02	-37	-1.06	1.12
-56	0.09	-1.05	-46	0.22	0.24	-36	-0.72	0.40
-55	-0.27	-1.32	-45	0.10	0.34	-35	0.18	0.58
-54	0.23	-1.09	-44	0.98	1.32	-34	1.02	1.61
-53	-0.11	-1.20	-43	0.01	1.33	-33	1.75	3.36
-52	0.95	-0.25	-42	-0.30	1.03	-32	-0.13	3.22
-51	0.02	-0.23	-41	0.16	1.19	-31	-0.62	2.60

（2）第二阶段分析。从表 14-3 可以看出，在 [-30，-1] 窗口期，有 18/30 天数的平均超额收益率为负值。第二阶段平均超额收益率的变化幅度与第一阶段相比并没有太大变化，波动仍然很大。此阶段的累积超额收益率在 [-30，-21] 为正值，在 [-20，-1] 为负值，最终为 -3.95%。

在并购公告日当天，平均超额收益率为 1.91%，累积超额收益率为 -2.04%。

表 14-3　吸收合并第二阶段的平均超额收益率和累积超额收益率

单位：%

天	AAR_2	CAR_2	天	AAR_2	CAR_2	天	AAR_2	CAR_2
-30	-0.43	2.17	-20	-1.86	-1.86	-10	-0.06	-4.25
-29	-0.27	1.90	-19	-0.92	-2.78	-9	0.36	-3.90
-28	-0.08	1.82	-18	-0.96	-3.74	-8	0.71	-3.18
-27	0.18	2.01	-17	-0.45	-4.20	-7	0.73	-2.45
-26	0.45	2.46	-16	-0.71	-4.91	-6	-1.28	-3.73
-25	-0.73	1.72	-15	0.71	-4.20	-5	-1.21	-4.94
-24	-0.15	1.57	-14	0.88	-3.32	-4	-0.37	-5.31
-23	0.49	2.06	-13	0.46	-2.86	-3	0.52	-4.79
-22	-0.91	1.16	-12	-0.43	-3.29	-2	0.22	-4.57
-21	-1.15	0.00	-11	-0.90	-4.19	-1	0.62	-3.95

（3）第三阶段分析。从表 14-4 可以看出，在 [1，30] 窗口期，有 13/30 天数的平均超额收益率为负值，此阶段波动幅度仍然较大。而累积超额收益率也呈波动趋势，在 [1，2] 为负值，在 [3，27] 为正值，并在第 21 天达到最大值，为 3.57%。

表 14 – 4 吸收合并第三阶段的平均超额收益率和累积超额收益率

单位：%

天	AAR_3	CAR_3	天	AAR_3	CAR_3	天	AAR_3	CAR_3
1	1.16	- 0.88	11	- 1.59	1.20	21	0.40	3.57
2	0.70	- 0.18	12	- 0.44	0.76	22	- 0.97	2.60
3	0.61	0.43	13	0.14	0.90	23	- 0.42	2.17
4	1.01	1.44	14	0.44	1.34	24	- 0.55	1.62
5	0.82	2.26	15	0.47	1.81	25	- 0.83	0.79
6	0.75	3.01	16	0.14	1.95	26	- 0.31	0.48
7	- 0.59	2.42	17	0.44	2.39	27	- 0.47	0.01
8	- 0.40	2.02	18	0.55	2.94	28	- 0.94	- 0.94
9	0.04	2.06	19	- 0.02	2.92	29	1.11	0.17
10	0.73	2.78	20	0.25	3.17	30	- 1.17	- 1.00

吸收合并平均超额收益率和累积超额收益率在 ［- 60，30］的变化见图 14 – 1、图 14 – 2。

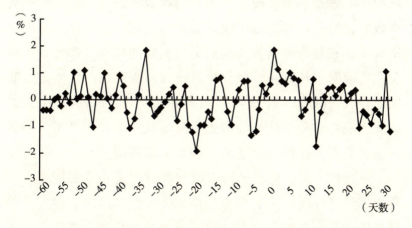

图 14 – 1 吸收合并平均超额收益率在 ［- 60，30］的变化

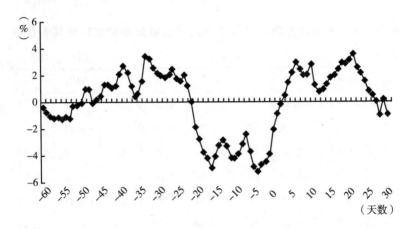

图 14 – 2　吸收合并累积超额收益率在 [– 60，30] 的变化

第三节　研究结论及启示

通过对 [– 60，– 31]、[– 30，– 1]、[1，30] 窗口期的数据分析，发现我国上市公司吸收合并公告在事件期内累积超额收益率呈现波动状态，吸收合并公告具有一定的财富效应，符合信号传递假说。我们还发现，公告日后股东财富增加，在公告日当日及以后买入股票的投资人都发生了赢利，这说明市场存在着较少信息提前泄露的情况。然而，我国上市公司 2006～2012 年吸收合并股东在并购前后 91 天的时间里获得正负不断波动的累积超额收益率，这说明吸收合并公告具有一定的财富效应，但是不够明朗。

从理论上看，公司进行吸收合并对于优化资源配置、实现规模经济效应、降低交易费用、分散经营风险、促进产业结构的转换和升级等诸多方面都有积极的作用。然而，实证结果也表明，实际的并购效应并非如我们所期望的那么大。

究其缘由，是因为公司整合的难度较大，包括公司领导制度的重新建立、法人治理结构的调整、新型公司文化的重塑和再造、组织机构的调整、产业结构的调整、产品的整合和人员的重新安置等。如果整合得好，并购的积极效应就显著；如果整合不好，并购效应不明显，甚至给公司带来损失。因此，注重公司并购后的整合，是公司并购效应得以体现的保证。

为了保证吸收合并的最终成功，达到预期的效果，吸收合并后的整合是我国上市公司进行吸收合并实践过程中必须注意的问题。从中外企业并购的结果来看，至少有50%以上的企业并购没有达到预期的效果，这会导致包括中高级管理人员的跳槽、企业经营业绩下降、市场占有率低于行业平均水平、企业并购后新业务拓展举步维艰等。因此，我们应该做好包括战略、业务流程和组织结构、人力资源、资产、负债、管理及文化等方面的整合，以保证公司各要素进行系统性融合和重构，并以此来创造和增加公司价值，达到预期目的。

主要参考文献

［1］冯根福、吴林江：《我国上市公司并购绩效的实证研究》，《经济研究》2001 年第 1 期。

［2］洪锡熙、沈艺峰：《公司上市并购绩效的实证分析》，《经济研究》2001 年第 3 期。

［3］吴国萍、周世中：《企业并购与并购法》，山东人民出版社，2003。

［4］余光、杨荣：《企业购并股价效应的理论分析和实证分析》，《当代财经》2000 年第 7 期。

［5］张夕勇：《并购与管理整合——正在改变着中国与世界》，中国财政经济出版社，2004。

第十五章
资产剥离价值效应分析

目前国外学术界对于资产剥离有两种不同的界定方法：一种是狭义的方法，认为资产剥离是指企业将其所拥有的资产、产品线、经营部门、子公司出售给第三方，以获取现金或股票或现金与股票混合形式的回报的一种商业行为；另一种是广义的方法，认为资产剥离除了资产出售这一种形式以外，还包括企业分立和股权切离等形式。资产剥离代表着企业收缩的战略。事实上，当兼并收购标榜着一部分企业胜利扩张的同时，必然有另外一些企业体味着撤销、剥离和控制权变更的滋味。扩张和收缩相伴而生，如影随形。当今时代，并购事件接连出现，然而企业规模的扩充不是最重要的问题，企业效益利润的提高才是最应该考虑的问题。资产剥离表面上看是企业内部各项经济资源的分化和重新组合，但从本质上来看，企业经济资源的分化和重新组合必然伴随着企业组织结构、人事结构、产品结构的调整，最终通过企业战略、市场、组织、人事、技术以及产品的调整进而提高企业资源的配置质量，充分发挥经济资源的最大使用效能，从而提高企业的整体运行效率。因此，公司资产剥离是一种以退为进的企业发展策略。

　　本章通过对 2006～2012 年有代表性的资产剥离行为的 20 家企业股东的收益率的研究表明，在资产剥离前后 91 天的时间内，股份回购股东获得了显著为正的超额收益率。这表明，企业的资产剥离行为会对股东财富形成积极影响，能够较好地起到提高其资源配置效率的作用。而且我国上市公司资产剥离时的公告效应集中于公告日之后，第 19 天累积超额收益率达到最高，为 9.76%，公告日之前 [-3,0] 的累积超额收益率一直在下降，公告日之后 [1,7] 的累积超额收益率才不断上升。在整个区间 [-60,30] 的累积超额收益率最终为 8.61%。这说明市场几乎不存在资产剥离信息提前泄露的情况。

第一节　资产剥离研究背景和文献综述

　　大规模的企业资产剥离产生于 20 世纪 60 年代企业混合兼并的浪潮之后。这一时期的兼并多为毫无关联的企业之间的兼并，结果形成了许多无关多元化经营。使得企业业绩下降，带来产品结构不合理，缺乏核心竞争力，企业负担加重，经营风险加大等一系列问题。因此，剥离便成为了企业的战略选择。同时，我国的上市公司大部分是由国有企业改制而来，这些上市公司由于改制不彻底或盲目多元化，结果使得存在很多的不良资产，这些不良资产已经不能为企业带来多少经济利益，相反成为吞噬上市公司业绩的"黑洞"。因此，绝大部分上市公司都面临着资产剥离的问题。

2004 年 12 月 8 日，IBM 与联想达成了出售其 PC 业务部的协议，包括 IBM 所有笔记本、台式电脑业务和相关专利、IBM 深圳合资公司（不包括其 X 系列生产线），以及位于日本大和与美国罗利的研发中心。联想可以在 5 年内使用 IBM 品牌，而 IBM 的全球金融部和全球服务部将分别成为联想在租赁和金融服务、授权外包维护服务方面的首选供应商。根据协议，联想向 IBM 支付 12.5 亿美元，其中现金支付 6.5 亿美元，另外 6 亿美元则以联想集团 18.9% 的股票作价。同时，联想承担 IBM 的 5 亿美元债务，其实际交易额达到 17.5 亿美元。2005 年 5 月 1 日，联想正式宣布完成收购 IBM 全球 PC 业务。IBM 漂亮转身为 IT 行业软件服务供应商。2012 年 1 月 IBM 的股票市值上升了 125%，销售收入从 2002 年的 810 亿美元上升至 2011 年的 1070 亿美元，每股收益从 3.07 美元上升到 13.38 美元。然而，其中最值得一提的，就是 IBM 成功地将其个人电脑部门出售给了中国联想集团。

关于中国市场的情况，证监会张新在关于中国证券市场并购重组能否创造价值的研究（2003）中，运用事件研究法和会计研究法，对 1993~2002 年中国上市公司的 1216 个并购重组事件是否创造价值进行了全面分析。他的实证研究表明，进行资产剥离的企业创造了价值，公司股票溢价达到 29.0596%，超过 20.96% 的国际平均水平。

Gadad 和 Thomas（2001）在研究资产剥离能够给股东带来财富效应的同时，也对资产剥离能否改善企业业绩进行了研究。作者选取经营现金流与公司市场价值的比值作为衡量企业业绩的指标，对剥离后的企业业绩与剥离前的企业业绩进行回归分析，将模型估计的常数项作为衡量资产剥离是否改善企业业绩的标准。如果该常数项为正且在统计上显著，那么就表明剥离会带来企业业绩的改善，反之则不会。作者研究发现，无论企业是否经过行业调整，该常数项都在统计上显著为正，因此资产剥离能够改善公司业绩。聂世宇、郑江南（2007）以我国沪市 2003～2004 年发生资产剥离事件的188 家上市公司作为研究样本，选取净资产收益率、每股收益、总资产收益率和主营业务利润率四项财务指标，构建评价企业业绩的指标体系，分析比较了上市公司剥离前后共 4年的业绩变化。他们发现，样本公司在实施资产剥离当年能够在一定程度上改善公司的财务绩效，但之后的两年内公司的财务绩效有所下滑。我国大部分学者的研究表明，资产剥离能够改善企业的经营业绩，特别是企业的短期经营业绩。

第二节　实证过程

本章对上市公司资产剥离效应的评估以沪深股市的数据为基础，采用事件研究法来进行研究。

本章选取了 2006～2012 年上市公司针对其他企业发生的资产剥离活动研究样本 20 个（见表 15－1）。各项数据借助国泰安 CSMAR 财经系列研究数据库直接导出得到。为了研究的科学性和严密性，对这些样本进行了逐一筛选剔除。

表 15－1　资产剥离公司样本（2006～2012 年）

维维股份（600300）	王　府　井（600859）	民生投资（000416）	天方药业（600253）
康　恩　贝（600572）	九龙电力（600292）	强生控股（600662）	上海普天（600680）
丽珠集团（000513）	海南高速（000886）	龙头股份（600630）	永泰能源（600157）
澳　柯　玛（600336）	通策医疗（600763）	晨鸣纸业（000488）	阳光股份（000608）
广汇能源（600256）	江苏吴中（600200）	中航重机（600765）	创业环保（600874）

（1）第一阶段分析。从表 15 - 2 可以看出，在 ［ - 60，
- 31］窗口期，有 14/30 天数的平均超额收益率为负值，且
波动较大，而累积超额收益率 12/30 的天数均为负值，最高
达到 2.54%，最终为 1.76%，总体呈现上下波动状态。

表 15 - 2　资产剥离第一阶段的平均超额收益率和累积超额收益率

单位：%

天	AAR_1	CAR_1	天	AAR_1	CAR_1	天	AAR_1	CAR_1
- 60	- 0.43	- 0.43	- 50	- 0.06	- 0.32	- 40	- 0.38	- 0.53
- 58	- 0.60	- 1.03	- 48	0.62	0.30	- 38	0.25	- 0.29
- 57	0.46	- 0.56	- 47	0.56	0.86	- 37	0.52	0.23
- 56	- 0.01	- 0.57	- 46	- 0.49	0.37	- 36	1.24	1.47
- 55	0.88	0.31	- 45	0.32	0.68	- 35	0.68	2.14
- 54	0.08	0.39	- 44	- 0.21	0.48	- 34	- 0.12	2.03
- 53	- 0.72	- 0.33	- 43	- 1.41	- 0.93	- 33	0.52	2.54
- 52	0.39	0.06	- 42	- 0.71	- 1.64	- 32	- 0.31	2.23
- 51	- 0.15	- 0.09	- 41	0.56	- 1.08	- 31	- 0.47	1.76

（2）第二阶段分析。从表 15 - 3 可以看出，在 ［ - 30，
- 1］窗口期，有 16/30 天数的平均超额收益率为负值。第
二阶段平均超额收益率的变化幅度与第一阶段相比并没有太
大变化，波动仍然很大。但此阶段的累积超额收益率全部为
正值，最终为 3.95%。

在并购公告日当天，平均超额收益率为 - 0.28%，累积
超额收益率为 3.67%。

（3）第三阶段分析。从表 15 - 4 可以看出，在 ［1，
30］窗口期，有 11/30 天数的平均超额收益率为负值，比上
两个阶段的天数都少，但此阶段波动幅度仍然较大。而累积
超额收益率也均为正，并呈显著上升趋势，在第 25 天达到
最大值，为 9.55%。

表 15 - 3 资产剥离第二阶段的平均超额收益率和累积超额收益率

单位：%

天	AAR_2	CAR_2	天	AAR_2	$CAR2_2$	天	AAR_2	CAR_2
-30	-0.45	3.12	-20	0.32	4.11	-10	0.74	6.33
-29	-0.83	2.30	-19	-0.03	4.09	-9	-0.28	6.04
-28	0.18	2.47	-18	0.84	4.93	-8	-0.58	5.46
-27	0.10	2.57	-17	0.33	5.26	-7	0.69	6.15
-26	0.70	3.27	-16	-0.11	5.15	-6	-0.20	5.95
-25	1.39	4.66	-15	-0.53	4.62	-5	-0.35	5.60
-24	-0.17	4.49	-14	-0.49	4.13	-4	-0.95	4.66
-23	-0.78	3.71	-13	0.22	4.35	-3	0.03	4.69
-22	-0.21	3.50	-12	0.13	4.48	-2	-0.26	4.43
-21	0.30	3.80	-11	1.11	5.59	-1	-0.48	3.95

表 15 - 4 资产剥离第三阶段的平均超额收益率和累积超额收益率

单位：%

天	AAR_3	CAR_3	天	AAR_3	CAR_3	天	AAR_3	CAR_3
1	-0.85	2.82	11	-0.29	4.84	21	-0.34	9.06
2	0.41	3.23	12	0.47	5.31	22	0.23	9.28
3	0.58	3.81	13	0.30	5.61	23	0.34	9.62
4	0.09	3.90	14	1.07	6.68	24	0.00	9.62
5	0.31	4.21	15	0.56	7.24	25	-0.07	9.55
6	0.73	4.94	16	0.82	8.06	26	-0.93	8.62
7	0.54	5.48	17	0.97	9.03	27	-0.26	8.36
8	-0.43	5.05	18	0.60	9.63	28	-0.25	8.11
9	0.23	5.28	19	0.13	9.76	29	0.58	8.69
10	-0.15	5.13	20	-0.36	9.40	30	-0.08	8.61

资产剥离平均超额收益率和累积超额收益率在 [-60, 30] 的变化见图 15 - 1、图 15 - 2。

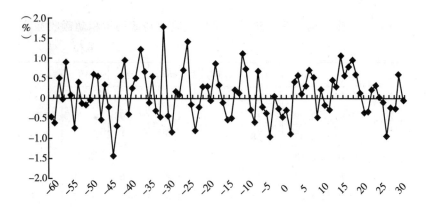

图 15 – 1　资产剥离平均超额收益率在 [– 60，30] 的变化

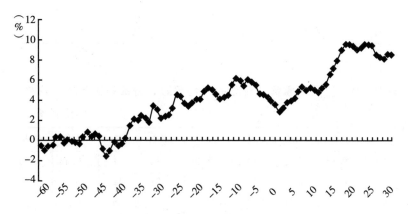

图 15 – 2　资产剥离累积超额收益率在 [– 60，30] 的变化

第三节　研究结论及启示

通过对 [– 60，– 31]、[– 30，– 1]、[1，30] 窗口期的数据分析，发现我国上市公司资产公告在事件期内有显著正的累积超额收益率，资产剥离公告具有一定的财富效应，符合信号传递假说。我们还发现，公告日前股东财富降

低，公告日后股东财富增加，在公告日当日及以后买入股票
的投资人都发生了赢利，这说明市场存在着较少信息提前泄
露的情况。资产剥离能使企业更加有效地进行资源组合，改
善企业资本结构的剥离会提高企业的核心竞争力，保持持续
健康的发展。

主要参考文献

［1］ 聂世宇、郑江南：《我国上市公司收缩性资本运营财务绩
效的实证研究》，《海南金融》2007 年第 10 期。

［2］ 彭环、杨劲松：《上市公司资产剥离财务问题的研究》，
西南农业大学硕士学位论文，2003。

［3］ 苏勇、李占猛：《资产剥离的原因与绩效》，复旦大学硕
士学位论文，2004。

［4］ 汪少华、芦文伟：《企业收缩理论及实务研究》，浙江工
业大学硕士学位论文，2003。

［5］ 杨红婕、许永龙：《上海股票市场有效性实证研究》，《天
津师范大学学报》（自然科学版）2005 年第 4 期。

［6］ Gadad, A. M., Thomas, H. , "Effects of Divestiture on
Operating Performance and Shareholders' Wealth: UK
Evidence", Working Paper, 2001.

第十六章
资产收购价值效应分析

资产收购是指一个公司（通常称为收购公司）为了取得另一个公司（通常称为被收购公司或目标公司）的经营控制权而收购另一个公司的主要资产、重大资产、全部资产或实质性的全部资产的投资行为。被收购公司的股东对于资产并购行为有投票权并依法享有退股权，法律另有规定的除外。相对于股权收购等其他收购方式，资产收购是一般的资产买卖行为。购买方所看重的是此项资产的赢利能力或生产工艺和技术，而对目标公司本身的兴趣不大。

本章通过对 2006~2012 年有代表性的资产收购行为的 14 家企业股东的收益率的研究表明，在资产收购的前后 91 天的时间内资产收购股东获得显著为负的超额收益率。在 [-28，60] 的累积超额收益率均为负值。公告日后一直呈现上升趋势，但是仍为负值。在整个区间 [-60，30] 的累积超额收益率最终为 -3.70%。这表明，企业资产收购够的行为不会对股东财富形成积极影响。

第一节　资产收购研究背景和文献综述

2012 年三星超过诺基亚成为全球最大手机厂商，超过苹果成为全球最大的智能手机厂商。三星一直在收购技术，对其他公司投资，实现差异化竞争。2012 年三星的投资包括英国 CSR 的移动技术业务、存储软件厂商 NVELO。这些交易使得三星能获得开发更好的手写笔、先进的无线连接技术、高速手机数据访问软件所需要的技术。继 2012 年收购澳大利亚黄金生产和勘探公司诺顿金田后，紫金矿业于 2013 年 4 月再次出手海外金矿，目标公司仍是澳大利亚的金矿企业卡尔古利矿业有限公司（Kalgoorlie Mining Company Limited）。收购完成后可以增加诺顿金田黄金产量，降低生产成本，符合两家公司及股东的利益。资产收购是公司寻求其他公司优质资产、调整公司经营规模、推行公司发展战略的重要措施。

崔婧娥、刘小利（2013）选取 2010~2012 年 238 起资产收购事件为研究样本，运用事件研究法进行了实证分析，结果显示，资产收购在短期内并不能提高企业价值，并为股东带来正的利润。

第二节　实证过程

本章对上市公司资产收购效应的评估以沪深股市的数据为基础，采用事件研究法来进行研究。

本章选取了 2006~2012 年上市公司针对其他企业发生的资产收购活动研究样本 14 个（见表 16-1）。各项数据借助国泰安 CSMAR 财经系列研究数据库直接导出得到。为了研究的科学性和严密性，对这些样本进行了逐一筛选剔除。

表 16 - 1　资产收购公司样本（2006~2012 年）

宁波银行（002142）	兴业银行（601166）	新华传媒（600825）	民生银行（600016）
永泰能源（600157）	长江通信（600345）	宁波联合（600051）	现代制药（600420）
首开股份（600376）	天威保变（600550）	岷江水电（600131）	招商银行（600036）
南化股份（600301）	海润光伏（600401）		

（1）第一阶段分析。从表 16 - 2 可以看出，在 [-60，-31] 窗口期，有 13/30 天数的平均超额收益率为负值，且波动较大，而累积超额收益率有 16/30 的天数为负，也呈现波动状态。

表 16 - 2　资产收购第一阶段的平均超额收益率和累积超额收益率

单位：%

天	AAR_1	CAR_1	天	AAR_1	CAR_1	天	AAR_1	CAR_1
-60	1.23	1.23	-50	-1.43	-1.35	-40	-0.62	-0.65
-59	0.23	1.46	-49	0.97	-0.39	-39	0.03	-0.62
-58	-0.12	1.35	-48	-0.55	-0.93	-38	1.00	0.38
-57	-1.35	0.00	-47	-0.52	-1.45	-37	1.36	1.74
-56	-0.96	-0.96	-46	0.08	-1.37	-36	-0.08	1.66
-55	0.47	-0.49	-45	-0.19	-1.55	-35	-1.43	0.23
-54	0.04	-0.46	-44	0.64	-0.91	-34	0.65	0.88
-53	0.10	-0.36	-43	1.12	0.20	-33	-0.30	0.58
-52	0.13	-0.22	-42	-0.81	-0.61	-32	0.59	1.17
-51	0.30	0.08	-41	0.57	-0.04	-31	-0.81	0.36

（2）第二阶段分析。从表16－3可以看出，在［－30，
－1］窗口期，有19/30天数的平均超额收益率为负值。
第二阶段平均超额收益率的变化幅度与第一阶段相比并没
有太大变化，波动仍然很大。但此阶段的累积超额收益率
有28/30的天数为负值，最终为－5.42%。

在并购公告日当天，平均超额收益率为0.56%，累
积超额收益率为－4.85%。

表16－3 资产收购第二阶段的平均超额收益率和累积超额收益率

单位：%

天	AAR_2	CAR_2	天	AAR_2	CAR_2	天	AAR_2	CAR_2
－30	0.05	0.41	－20	－0.95	－3.64	－10	0.90	－5.78
－29	0.23	0.64	－19	－0.61	－4.25	－9	0.62	－5.16
－28	－0.91	－0.27	－18	0.58	－3.67	－8	－0.45	－5.61
－27	－0.16	－0.43	－17	－1.23	－4.90	－7	－0.09	－5.70
－26	－1.03	－1.45	－16	0.07	－4.83	－6	0.26	－5.45
－25	0.11	－1.34	－15	－0.46	－5.29	－5	－0.01	－5.45
－24	－0.14	－1.48	－14	－0.20	－5.49	－4	－0.10	－5.55
－23	0.22	－1.26	－13	－0.99	－6.47	－3	－1.03	－6.58
－22	－0.42	－1.69	－12	0.41	－6.07	－2	1.30	－5.28
－21	－1.00	－2.69	－11	－0.62	－6.69	－1	－0.13	－5.42

（3）第三阶段分析。从表16－4可以看出，在［1，
30］窗口期，有15/30天数的平均超额收益率为负值，且此
阶段波动幅度仍然较大。而累积超额收益率均为负，但呈现
上升趋势，最终为－3.70%。

表 16 - 4　资产收购第三阶段的平均超额收益率和累积超额收益率

单位：%

天	AAR_3	CAR_3	天	AAR_3	CAR_3	天	AAR_3	CAR_3
1	-0.19	-5.05	11	-0.19	-4.35	21	-0.19	-3.49
2	0.34	-4.70	12	0.79	-3.56	22	0.23	-3.27
3	-0.90	-5.60	13	-0.18	-3.74	23	0.00	-3.27
4	-0.07	-5.67	14	-0.57	-4.31	24	-0.32	-3.59
5	-0.01	-5.68	15	-0.34	-4.66	25	0.52	-3.08
6	-0.78	-6.46	16	0.05	-4.61	26	0.88	-2.20
7	1.08	-5.38	17	0.06	-4.55	27	-0.52	-2.72
8	0.17	-5.21	18	0.61	-3.94	28	-1.18	-3.90
9	-0.21	-5.42	19	-0.54	-4.48	29	0.04	-3.85
10	1.26	-4.16	20	1.19	-3.30	30	0.15	-3.70

资产收购平均超额收益率和累积超额收益率在 [-60，30] 的变化见图 16-1、图 16-2。

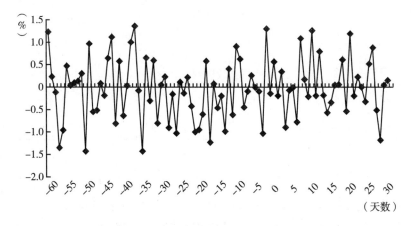

（天数）

图 16 - 1　资产收购累积超额收益率在 [-60，30] 的变化

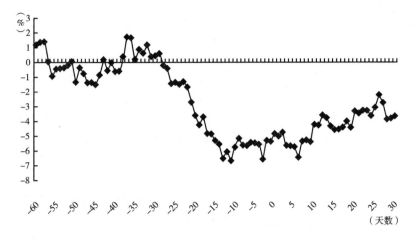

图 16－2 资产收购累积超额收益率在 [－60，30] 的变化

第三节 研究结论及启示

通过对 [－60，－31]、[－30，－1]、[1，30] 窗口期的数据分析我们可以看出，市场对资产收购方式并购的企业并没有非常好的反应，公司的股价出现波动，并没有给公司带来短期的正的绩效。最有可能的原因就是资产收购方式的并购非常的复杂。因为资产收购的方式多样，对公司的整体影响也是具有很大的不确定性的。若没有办法达到控股的地步，则这种并购对企业绩效的影响就会非常的困难，存在非常多的阻力，即使可以控股，也存在收购后的整合问题，所以说采用资产收购方式并购的企业很难使公司的绩效得到改善，并且是长期的改善。这种行为使并购的方式更灵活，并且利于谈判，对企业整体的影响会很小。也许企业是为了追求一种短期的行为，或者是企业就是为了达到控股的目的，改善管理，而管理能力的提升并不能从财务指标上体现出来。

主要参考文献

［1］白云霞、吴联生、徐信忠：《资产收购与控制权转移对经营业绩的影响》《经济研究》2004 年第 12 期。

［2］崔婧娥、刘小利：《我国上市公司资产收购的短期市场绩效研究》,《商》2013 年第 12 期。

［3］吴联生、白云霞：《公司价值、资产收购与控制权转移方式》,《管理世界》2004 年第 9 期。

第十七章
要约收购方式对主并方
股东财富的影响研究

本章通过对 2003～2012 年要约收购方式下 18 家并购方公司股东的收益率进行研究，发现在并购前后 91 天的时间内，并购方公司股东获得了 14.75% 的累积超额收益率，并且显著为正。并购后超额收益率缓慢上升的趋势也不同于一般的协议收购反映的并购后超额收益率呈现下降的趋势，说明要约收购方式更具效率，从长远来看更易得到股东的支持，能够克服协议并购方式下股票市场中存在的短期投机性。

第一节 问题的提出

要约收购出现于 20 世纪 50 年代的英国。由于收购方可以绕过管理层直接向目标公司股东发出要约，通过股权的购买取得目标公司控制权，因此被视为完全市场化的规范的收购模式，已经成为西方证券市场上最主要的收购方式之一。

然而，受我国资本市场不发达等因素的限制，协议收购在我国企业收购中占据绝大部分，要约收购出现的时间很晚，发生的频率很小。直至 2003 年 6 月，我国资本市场上才发生第一起要约收购案例，即南钢股份要约收购事件；到 2012 年 9 月，我国资本市场一共发生 29 起要约收购案例。但随着全流通改革的逐步推进以及《上市公司收购管理办法》中关于要约收购规则的具体落实，流通股与非流通股的界限消除，资本市场的格局逐渐规范化，要约收购市场化基础的建立，要约收购方式将成为资产重组市场化的必然选择。

目前，无论是理论界还是实务界，对要约收购的价值效应的研究很少，大部分的学者集中于分行业、分重组类型、分国界等对协议收购进行研究。彭云艳（2012）研究了矿产资源并购对购买方股东财富的影响，发现并购事件对公司的股价在短期内有明显的推动作用，同时存在短期投机行为。郭树华（2012）对有色金属行业的并购绩效进行研究，发现主并企业的价值从长期来看能够得到提升。邱岚（2006）对我国医药行业并购绩效进行研究发现，现金收购并没有给医药行业带来正的长期收益。Mulherin 和 Boone（2000）研究了 1990 ~ 1999 年 59 个行业中 1305 家公司的收购和剥离活动，指出收购和剥离具有显著的行业集中性，并且与公司价值提升和重组的相对规模直接相关。吴豪（2008）采用事件研究法和财务数据法对不同类型并购事件的绩效进行实证分析，发现市场对资产置换类和股权转让类并购有着最高的认同度，而对收购兼并类和资产剥离类并购认同度较低。Kuipers，Miller 和 Patel（2003）研究了 1982 ~ 1991 年的 181 宗外国收购者收购美国目标企业的样本，结果发现实现了 23.07% 的累积超额收益率。Agrawal，Jaffe 和

Mandelker（1992）以及 Singh（1971）对并购方收购绩效进行研究，发现收购公司在收购后的赢利能力下降。刘彦（2011）对我国 25 起上市公司跨国并购绩效进行研究，发现我国上市公司在并购当年绩效有显著提高，但是在并购后的第一年和第二年绩效出现了逐渐下滑的趋势。现有的部分对要约收购的研究也主要从法律法规，制度完善为切入点，较少涉及对主并方股东财富的研究，因此本章拟采用事件研究法研究要约收购对主并方股价绩效的影响。

第二节 研究方法的选取

并购绩效的研究主要有三种方法。

一是会计研究法。该方法建立在真实有效的财务会计资料基础之上，主要通过对比会计数据来研究并购前后上市公司的效率状况，考察并购对上市公司绩效的影响。如果并购能带来成本节约或效率提高，那么上市公司并购后的财务表现应该有所改善或优于未发生并购活动的上市公司的相应指标。

二是事件研究法。该方法通过将收购公告发布前后某段时间（事件窗，Event Window）内并购双方股东实际收益 R 与假定无并购公告影响的那段时间内股东"正常"收益进行对比，得出超常收益 AR（Abnormal Returns），用以衡量并购公告对并购双方市场价值的影响。由于该方法具有成熟的数理基础，因此成为金融市场研究中一种广泛应用的经验分析方法。

三是 Tobin's Q 研究法。该方法采用 Tobin's Q 作为公司绩效的度量指标，通过考察并购前后并购公司 Q 的变化来对并购事件进行评价。这种方法主要运用于并购市场的长期绩效评价。

第三节　实证过程

本章的研究样本为 2003 ~ 2012 年中国上市公司中的 28 起要约并购事件（见表 17 - 1）。样本的数据来自国泰安数据库。

表 17 - 1　要约收购公司样本（2003 ~ 2012 年）

成商集团（600828）	东凌粮油（000893）	鄂武商 A（000501）	方大特钢（600507）
工商银行（601398）	华胜天成（600410）	吉恩镍业（600432）	吉林化工（000618）
建发股份（600153）	金亚科技（300028）	锦州石化（000763）	辽河油田（000817）
钱江水利（600283）	山煤国际（600546）	深圳华强（000062）	水 井 坊（600779）
苏 泊 尔（002032）	天兴仪表（000710）	铜陵有色（000630）	芜 湖 港（600575）
物产中拓（000906）	香江控股（600162）	徐工机械（000425）	中国石化（600028）
中国铁建（601186）	中海油服（601808）	中金岭南（000060）	中科合臣（600490）

样本选择的依据如下。

（1）所有并购方（买方）均为在深证或上证的上市公司。

（2）本章所有选取的样本公司在并购行为发生前后都没有出现过信用问题，即没有出现重大的违规、违法行为。

（3）研究期间内收购公司不是 ST 公司，且数据完整。

（4）并购公司在并购公告日前 10 天至后 30 天内没有出现过不设涨跌幅限制的股价调整。

基于上述选择标准，一共有 28 起并购事件符合上述条件。

（1）第一阶段分析。从表 17 - 2 中可以看出，在 [- 60，- 31] 窗口期，有 17/30 天数的平均超额收益率为负值，有 13/30 天数的平均超额收益率为正值，平均超额收益率在正负值之间交错呈现，围绕 0 上下波动。从累积超额收益率来看，在这 30 天的时间里（不含休息日），累积超额收益率均为负值，总体呈现水平波动趋势，直到 - 31 日，累积超额收益率为 - 2.50%，说明要约并购事件对购买方股价有负面影响，股东不看好并购事件。

表 17 - 2　要约收购第一阶段的平均超额收益率和累积超额收益率

单位：%

天	AAR_1	CAR_1	天	AAR_1	CAR_1	天	AAR_1	CAR_1
- 60	- 0.37	- 0.37	- 50	- 0.33	- 3.14	- 40	0.02	- 2.57
- 59	- 0.84	- 1.21	- 49	- 0.29	- 3.44	- 39	- 0.03	- 2.61
- 58	- 0.13	- 1.34	- 48	1.15	- 2.28	- 38	- 0.43	- 3.04
- 57	0.05	- 1.29	- 47	0.26	- 2.02	- 37	- 0.71	- 3.75
- 56	- 1.97	- 3.27	- 46	0.34	- 1.68	- 36	- 0.18	- 3.93
- 55	0.28	- 2.98	- 45	- 0.17	- 1.85	- 35	0.17	- 3.76
- 54	0.29	- 2.69	- 44	- 0.31	- 2.16	- 34	0.38	- 3.38
- 53	0.73	- 1.96	- 43	- 0.16	- 2.33	- 33	0.24	- 3.14
- 52	- 0.10	- 2.06	- 42	- 0.26	- 2.59	- 32	- 0.18	- 3.32
- 51	- 0.75	- 2.81	- 41	0.00	- 2.59	- 31	0.82	- 2.50

（2）第二阶段分析。从表 17 - 3 中可以看出，在 ［ - 30，- 1］窗口期，有 7/30 天数的平均超额收益率为负值，有 23/30 天数的平均超额收益率为正值，平均超额收益率为正的天数明显超过第一阶段。平均超额收益率的均值为 0.46%，标准差为 0.83%，平均超额收益率在 - 1 日达到本阶段的最大值，说明并购事件在这一阶段对股市产生积极影响。第二阶段的累积超额收益率呈现急剧上升趋势，尤其在 ［ - 4，0］之间。

在并购公告日当天，累积超额收益率几乎达到最大值，为 12.72%。

表 17 - 3　要约收购第二阶段的平均超额收益率和累积超额收益率

单位：%

天	AAR_2	CAR_2	天	AAR_2	CAR_2	天	AAR_2	CAR_2
- 30	- 0.35	- 2.85	- 20	0.53	1.02	- 10	0.79	4.26
- 29	0.09	- 2.76	- 19	- 0.86	0.16	- 9	0.22	4.47
- 28	0.10	- 2.66	- 18	0.59	0.75	- 8	0.86	5.34
- 27	0.33	- 2.34	- 17	0.45	1.20	- 7	0.07	5.41
- 26	- 0.35	- 2.69	- 16	0.36	1.56	- 6	0.71	6.12
- 25	- 0.08	- 2.76	- 15	1.72	3.29	- 5	1.31	7.43
- 24	0.29	- 2.47	- 14	0.17	3.46	- 4	- 0.26	7.17
- 23	0.11	- 2.36	- 13	0.21	3.67	- 3	0.66	7.83
- 22	1.23	- 1.13	- 12	- 0.26	3.41	- 2	- 0.03	7.80
- 21	1.62	0.49	- 11	0.05	3.47	- 1	3.61	11.42

（3）第三阶段分析。从表 17 - 4 中可以看出，在 [1，30] 窗口期，有 13/30 天数的平均超额收益率为负值，有 17/30 天数的平均超额收益率为正值，平均超额收益率为正的天数明显少于第二阶段。平均超额收益率的均值为 0.067%，接近于 0，明显小于第二阶段，标准差为 0.56%，收益率波动性也小于第二阶段。累积超额收益率呈现缓慢上升趋势，在第 30 日，累积超额收益率达到最大值 14.75%，说明要约并购事件在第三阶段对并购方的股价有积极影响，但影响程度小于第二阶段，这侧面反映了并购事件在公告之前已在市场上大范围传播。并购后累积超额收益率缓慢上升的趋势也不同于一般的协议收购反映的并购后累积超额收益率下降的趋势，说明股东对要约收购方式较为赞同，看好公司并购后的前景。

表 17 - 4　要约收购第三阶段的平均超额收益率和累积超额收益率

单位：%

天	AAR_3	CAR_3	天	AAR_3	CAR_3	天	AAR_3	CAR_3
1	- 0. 10	12. 62	11	0. 74	13. 63	21	- 1. 12	12. 38
2	0. 48	13. 11	12	0. 05	13. 68	22	0. 22	12. 60
3	- 1. 41	11. 70	13	0. 01	13. 69	23	0. 36	12. 96
4	- 0. 14	11. 56	14	0. 37	14. 06	24	0. 48	13. 44
5	- 0. 02	11. 54	15	- 0. 40	13. 66	25	0. 03	13. 47
6	- 0. 36	11. 18	16	- 0. 25	13. 41	26	- 0. 05	13. 42
7	- 0. 40	10. 78	17	- 0. 03	13. 38	27	0. 45	13. 88
8	1. 40	12. 18	18	- 0. 37	13. 01	28	0. 91	14. 79
9	0. 47	12. 65	19	0. 04	13. 05	29	- 0. 59	14. 20
10	0. 25	12. 89	20	0. 45	13. 50	30	0. 54	14. 75

要约收购平均超额收益率和累积超额收益率在 [- 60，30] 的变化见图 17 - 1、图 17 - 2。

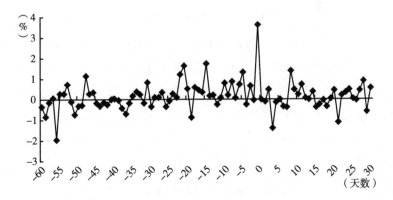

图 17 - 1　要约收购平均超额收益率在 [- 60，30] 的变化

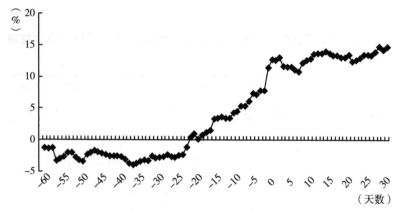

图 17－2 要约收购累积超额收益率在 ［－60，30］ 的变化

第四节 结论与不足

本章运用事件法，从股东财富的角度分析了 2003～ 2012 年要约收购方式下主并方的短期并购绩效。通过对并购事件发生的窗口期 ［－60，30］ 内上市公司的超额收益率的研究发现，并购公司在并购窗口期内的股东财富总体呈现减少→增加→稳定不变的趋势，最终达到 14.75% 的累积超额收益率。并购后累积超额收益率缓慢上升的趋势也不同于一般的协议收购反映的并购后累积超额收益率呈现下降的趋势，说明要约收购方式更具效率，从长远来看更易得到股东的支持，能够克服协议并购方式下股票市场中存在的短期投机性。本章的不足之处在于，企业并购中采用要约收购的案例较少，导致样本数量较小，从某种程度上会对实证结果造成影响。随着证券市场的日渐成熟，法律法规的完善，要约收购必将成为资产重组市场的最优选择，那时的研究也将能更具信服力。

主要参考文献

［1］李善民、朱涛：《管理者动机与并购绩效研究》，《经济管理》2005 年第 5 期。

［2］彭云艳：《中国矿产资源行业并购对股东财富的影响研究》，《价值工程》2012 年第 19 期。

［3］吴豪、庄新田：《中国上市公司并购绩效的实证研究》，《东北大学学报》（自然科学版）2008 年第 2 期。

［4］张新：《中国并购重组全析》，上海三联书店，2004。

［5］Mulherin, J. H., A. L. Boone, "Comparing Acquisitions and Divestitures", *Journal of Corporate Finance*, 6 (2000), pp. 88 – 97.

图书在版编目（CIP）数据

我国企业并购重组市场价值效应研究/黄中文等著.
—北京：社会科学文献出版社，2013.10
（管理科学与工程丛书）
ISBN 978 - 7 - 5097 - 5069 - 8

Ⅰ.①我… Ⅱ.①黄… Ⅲ.①企业合并 - 市场价值 -
研究 - 中国 Ⅳ.①F279.21

中国版本图书馆 CIP 数据核字（2013）第 218345 号

·管理科学与工程丛书·
我国企业并购重组市场价值效应研究

著 者／黄中文 曹 丽 马 瑞 等

出 版 人／谢寿光
出 版 者／社会科学文献出版社
地 址／北京市西城区北三环中路甲 29 号院 3 号楼华龙大厦
邮政编码／100029

责任部门／经济与管理出版中心 责任编辑／冯咏梅
　　　　　（010）59367226 责任校对／吕伟忠
电子信箱／caijingbu@ ssap. cn 责任印制／岳 阳
项目统筹／恽 薇 冯咏梅
经 销／社会科学文献出版社市场营销中心 （010）59367081 59367089
读者服务／读者服务中心（010）59367028

印 装／三河市尚艺印装有限公司
开 本／787mm×1092mm 1/20 印 张／12.4
版 次／2013 年 10 月第 1 版 字 数／155 千字
印 次／2013 年 10 月第 1 次印刷
书 号／ISBN 978 - 7 - 5097 - 5069 - 8
定 价／45.00 元